CB048999

EDIÇÃO GERAL
Sonia Junqueira (T&S – Texto e Sistema Ltda.)

REVISÃO
Eduardo Soares
Aline Sobreira

CAPA, PROJETO GRÁFICO E DIAGRAMAÇÃO
Christiane Costa

Dados Internacionais de Catalogação na Publicação (CIP)
(Câmara Brasileira do Livro, SP, Brasil)

Anzanello Carrascoza, João
nós 4 / João Anzanello Carrascoza, Vivina de Assis Viana ; ilustrações Christiane Costa. -- Belo Horizonte : Autêntica Editora, 2014.

ISBN 978-85-8217-337-4

1. Ficção - Literatura infantojuvenil I. Viana, Vivina de Assis. II. Costa, Christiane.

14-01002 CDD-028.5

Índices para catálogo sistemático:
1. Ficção : Literatura infantil 028.5
2. Ficção : Literatura infantojuvenil 028.5

AUTÊNTICA EDITORA LTDA.

Belo Horizonte
Rua Aimorés, 981, 8º andar . Funcionários
30140-071 . Belo Horizonte . MG
Tel.: (55 31) 3214 5700

Televendas: 0800 283 13 22
www.autenticaeditora.com.br

São Paulo
Av. Paulista, 2.073, Conjunto Nacional,
Horsa I, 23º andar, Conj. 2301
Cerqueira César . São Paulo . SP
01311-940
Tel.: (55 11) 3034 4468

João Anzanello Carrascoza
Vivina de Assis Viana

nós 4

ILUSTRAÇÕES
Christiane Costa

autêntica

Juju

Cadê seu assovio,
Rafa?

Rafa

Tá ouvindo meu assovio não, Juju?

De: Rafael Trevilin <rafa.trevilin@hotmail.com>

Para: Juliana Monteiro <jujumont@yahoo.com.br>

Assunto: Saudade

Enviada: Quinta-feira, cedíssimo, hora de te escrever

Oi, Juju!

Tdo bem?

A gente nem chegou direito em Athens, pedi pro meu pai instalar o computador.

Eu queria escrever logo pra dizer q continuo gostando de vc. Mto. Mais do q eu imaginava.

A gente vivia tão pertinho um do outro aí, né? E agora tem um mundaréu de coisas entre nós. Países, florestas, rios, mares... A distância é gigantesca ☹

Não deu ainda pra conhecer os vizinhos daqui, mas acho q não tem ninguém da minha idade no bairro. E se tiver, deve ser um daqueles tapados q pensam q a capital do Brasil é Buenos Aires. Ou uma daquelas meninas q dançam com pompons nos jogos de futebol americano. Nunca será alguém como vc, Juju.

Eu nunca pensei q ia sentir tanto a sua falta. E não faz nem três dias q chegamos nos Estados Unidos.

Minha mãe percebeu a minha tristeza e achou q era a mudança de clima, da língua, dos costumes.

– Não é só isso – eu falei.

– Então é saudade da Juju, né?

Eu confirmei com a cabeça.

– É bonito se apaixonar – ela disse. – O primeiro amor a gente nunca esquece.

Aí eu comecei a chorar.

Ela me abraçou forte e começou a chorar também. Acho que ela está cansada de mudar tanto de cidade, seguindo meu pai por aí antes mesmo de eu nascer. Talvez estivesse triste por não poder diminuir a minha tristeza.

Fico pensando, Juju, se um dia a gente vai se encontrar de novo. Meu pai costuma dizer que o mundo é pequeno, muito pequeno. Ele vive viajando, como vc sabe, e ele deve ter razão. Grande mesmo, só a saudade que eu sinto de vc. Das coisas que a gente fazia, lembra? Não era nada de mais: andar de bicicleta, assistir TV, fazer a lição de casa junto. Mas era tão bom...

Então, Juju, esse e-mail é só pra dizer q, mesmo estando longe, eu vou gostar sempre de vc. Sempre. Não importa se a gente crescer e nunca mais se encontrar. Gostar é uma coisa que nunca acaba.

bj

Rafa

De: Juliana Monteiro <jujumont@yahoo.com.br>

Para: Rafael Trevilin <rafa.trevilin@hotmail.com>

Assunto: Saudade também

Enviada: Quinta-feira, tardíssimo, hora de te responder

Oi, Rafa!

Tudo bem e tudo mal, e tudo por sua causa.

Tudo bem: recebi seu e-mail ☺

Tudo mal: não sei onde vc tá ☹

Se começo a pensar em vc – toda hora eu começo –, fica parecendo sonho. Consigo te ver, mas é como se vc estivesse solto, flutuando, perdido, voando. Sempre longe, aonde nunca posso chegar. Nem ficar.

Qdo você disse q tinha chegado em Athens, fui pesquisar na internet, como a gente vivia fazendo com tudo q não sabia. Lembra do dia do tuaregue, por causa daquele livro q o professor de matemática não largava? A gente nem lanchou, Rafa! Deve ter sido a única vez que fizemos isso...

Descobri q existem treze cidades com esse nome aí nos Estados Unidos. Vc acredita, Rafa? Treze Athens! Uma no Alabama, outra em Ohio, outra em Indiana, outra na Luisiana, outras sei lá onde. Treze!!!

Tudo bem, por mim, todas as cidades dos Estados Unidos podiam se chamar Athens, desde q eu soubesse em qual delas vc tá. Em qual delas vc chorou. Ainda bem que sua mãe tava perto pra te abraçar.

Eu queria te abraçar. Me conta, Rafa, como é q a gente abraça alguém q tá solto, flutuando, perdido, voando? E se o abraço voar também?

Qdo a gente se despediu, nosso abraço não voou. Ficou parado, sem ar. Foi demorado, mas acabou num segundo. Vc ia atravessar mil lugares, rios e mares, e eu não ia atravessar nada, nem a rua. Vc queria ficar comigo, eu queria ir com vc. Tudo errado, tudo triste.

Depois q li seu e-mail, fiquei pensando: se o mundo pro seu pai é pequeno, bem q ele podia voltar. Só atravessar os mil lugares, rios e mares de novo. Qdo vocês chegassem, eu te ajudava a arrumar seu quarto, seus livros, revistas, CDs. Aí a gente chegava na janela e via sabe o quê? Meu quarto, do outro lado da rua.

Rafa, eu não sabia q saudade era assim, q doía. Ainda mais saudade de quem pode estar em treze cidades espalhadas pelo mapa dos Estados Unidos. Já sei ele de cor, de tanto te procurar.

Uma hora te imagino no Texas, com chapéu de caubói, outra hora em Michigan, perdido nos lagos, quase chegando no Canadá, outra hora, ah, Rafa, outra hora te queria aqui, na nossa rua, parando a bicicleta na calçada, me chamando com um assovio.

Nos fins de semana, meu pai sempre ouvia antes de mim:

– Juju! Seu namorado chegou!

– O Rafa não é meu namorado, pai, já te falei!

– Ah, tinha me esquecido... Você é q é namorada dele.

Eu pegava a bicicleta e saía voando, apertando o botão do elevador igual uma louca, como se ele fosse chegar mais rápido assim.

Sabe, Rafa, ontem, seu primeiro fim de semana em uma dessas Athens além de tantas águas e tantas terras, meu pai me abraçou, depois do café:

– Juju, Juju, q carinha triste é essa?

Olhei pra ele, tentei falar.

Ele apertou o abraço:

– Não precisa responder, já sei. É saudade do Rafa, não é?

Confirmei com a cabeça.

– Pegue a bicicleta, filha. Também vou pegar a minha, ela deve estar meio enferrujada, mas vamos lá pro Ibirapuera dar umas voltas pra vc se distrair. Apesar de q o primeiro amor a gente nunca esquece...

– Nem o assovio, né, pai? – perguntei, pensando q ia conseguir segurar o choro.

Cadê seu assovio, Rafa?

bj

Juju.

De: Rafael Trevilin <rafa.trevilin@hotmail.com>

Para: Juliana Monteiro <jujumont@yahoo.com.br>

Assunto: Re: Saudade também

Enviada: Dia lindo, azul, azul

Oi, Juju.

Ainda bem que vc não demorou pra me escrever!

Na verdade, demorou, parecia q eu nunca mais ia ter notícia sua. E foram só algumas horas ☺

Eu sinto tanto a sua falta, como sinto a minha qdo eu estou longe de mim.

Vc sabe, às vezes eu gosto de ficar quieto, no meu canto. Aí eu voo com o meu pensamento e, qdo chego aonde ele me leva, fico flutuando, me perco e me acho lá.

E o melhor: lá, agora, eu posso reencontrar vc, já que não tenho como atravessar esse mundão que separa a gente. Nem o corredor de casa eu atravessei hoje. Fiquei o tempo todo grudado no computador, esperando o seu e-mail.

Lá eu posso abraçar você de novo, igual abracei qdo a gente se despediu. E posso dizer com meu abraço o q eu não soube dizer com as palavras.

É engraçado, o meu pai é professor de Comunicação, veio pra cá justamente pra dar aulas na faculdade de Athens. Qdo ele fala, dá gosto de ouvir. Ele parece um encantador de palavras. Elas vão saindo bonitas como música. Eu nem pareço filho dele. Eu mal sei expressar o q sinto!

Acho q eu puxei a minha mãe. Ela fala pouco, às vezes até comete umas gafes. Hoje mesmo, ela perguntou pro meu pai:

– Aqui não tem restaurante "serv service"?

Todo mundo sabe que o certo é *self service*.

Mas minha mãe diz tanta coisa com o olhar! O silêncio dela, Juju, vale mais q mil declarações de amor. E o abraço? O abraço dela me diz tantas coisas lindas!

Foi com ela q eu aprendi a abraçar de verdade. Antes, eu mal encostava nas pessoas, ficava com vergonha, queria logo me afastar, fugir do contato. Agora eu já sei abraçar, vc percebeu, né? Eu senti o seu coração batendo pertinho do meu, senti o cheiro de xampu do seu cabelo, senti q vc queria ficar ali a vida toda. E eu também.

Mas vc taí, em SP, e eu tô aqui, na Georgia.

Eu nem sabia q existiam treze Athens nos Estados Unidos! Então tem Athens no Alabama, em Indiana, em Ohio? Putz!

Vou dar uma pesquisada depois na internet. Espero não demorar tanto quanto no dia do tuaregue, porque dessa vez não terei vc ao meu lado.

Quero saber mais também sobre esta Athens onde eu moro. Já sei algumas coisas: é uma cidade tranquila, nem pequena nem grande, deve ter uns 100 mil habitantes. Vc ia adorar andar de bicicleta aqui! As ruas são planas, com umas árvores bem bonitas, cheias de estudantes universitários andando pra lá e pra cá.

A vida, à noite, é superagitada, tem música pra todo canto.

– Muitas bandas de rock surgiram aqui – meu pai disse, ontem, no jantar, todo empolgado. – O R.E.M. é uma delas! Eu adoro o R.E.M.! E vc, filho?

E eu sei lá quem é o R.E.M.! 😀 Meu pai acha que eu conheço essas velharias que ele ouve 😋 Esquece q eu tenho treze anos!

Mas depois eu te conto mais sobre Athens, q fica pertinho de Atlanta, onde a gente desembarcou. O aeroporto de Atlanta é tão grande q, pra chegar nas esteiras e pegar as nossas malas, tivemos de pegar um trem e atravessar quatro estações. Vc acredita, Juju? Pra q um lugar tão grande assim? Aliás, esse é o país das coisas grandes! Elas só não são maiores do q a saudade q eu sinto de vc.

A sorte é q eu posso escrever. Qdo escrevo, trago vc pra perto de mim. Agora mesmo parece q eu tô no quarto de minha casa aí vendo pela janela vc no seu, do outro lado da rua.

Tá ouvindo o meu assovio, Juju?

Diga q sim!

bj

Rafa

De: Juliana Monteiro <jujumont@yahoo.com.br>

Para: Rafael Trevilin <rafa.trevilin@hotmail.com>

Assunto: Adeus, Corpus Christi!

Enviada: Tá chovendo sem parar, acredita?

Oi, Rafa,

dessa vez, minha demora não foi de algumas horas, mas de alguns meses...

Nem parece q li seu e-mail um montão de vezes, de todo jeito! Do princípio pro fim, como vc escreveu, como todo mundo escreve, do meio pro fim, do fim pro meio. Ah, li até ao contrário, do fim pro princípio, como ninguém escreve, acredita?

É muito maluco, Rafa, quer ver? Olha só: bem lá no finzinho do e-mail, vc me perguntou:

"Tá ouvindo meu assovio, Juju?

Diga q sim!"

Lendo ao contrário, como te falei, a pergunta vira do avesso, igual qdo a gente veste a roupa com a costura pra fora:

"Diga q sim!

Tá ouvindo meu assovio, Juju?"

Viu só, Rafa? Muda tudo, viu só? Em vez de responder "sim" só pro seu assovio, como vc me pediu, respondo pra mto mais coisas, todas "precursoras" do assovio, como diz meu pai.

Meu pai gosta dessa palavra, "precursor". Significa "o q vem antes", você deve saber, aposto!

Ele vive dizendo q Portugal é precursor do Brasil, q o latim é precursor do português. Essa história de Portugal e Brasil eu até entendo. O mundo inteiro sabe q, enquanto os portugueses navegavam por tudo quanto era mar, os índios se escondiam aqui pelas praias, sem q ninguém, nem de longe, desconfiasse da existência deles.

Agora, Rafa, essa história de latim e português, ah, isso eu não consigo entender. Meu pai fala, fala, e eu fico voando, voando. Não igual a vc, que voava perdido no mapa dos Estados Unidos. Mto pior! Voo perdida dentro de uma palavra, *latim*! Palavra nada, palavrinha, só duas sílabas! Nome de uma língua q nem existe mais, caramba!

Pensa bem, Rafa! Se vc nem quis saber do R.E.M., banda aí da Georgia, do tempo do seu pai, e eu, então? E eu? Latim nem é do tempo do meu pai! Só do vô, do bisa...

Essa semana voei muito por causa disso. Quinta-feira foi aquele feriado q a gente adorava, *Corpus Christi*, lembra? A gente adorava pq ele começava na quinta e nunca mais acabava, haha. Quatro dias, quinta, sexta, sábado, domingo, quatro dias, tudo feriado, tudo a continuação de quinta. Tudo *Corpus Christi*.

Vc acredita q meu pai, q eu adoro e q me adora, resolveu me torturar? Vc acredita q ele resolveu me ensinar latim, isto é, me ensinar pq *Corpus Christi* é *Corpus Christi*?

Nada mais complicado, nem mais difícil, nem mais maluco, Rafa, te juro!

Ele disse q *Corpus Christi* significa "Corpo de Cristo". Até aí, tudo bem, eu sabia, todo mundo sabe, não sabe? Mas aí, ele começou a falar em declinação, pode? Seu pai, q é professor de Comunicação e que fala bonito, de jeito que todo mundo entende, já te *comunicou* que existem *cinco* declinações em latim? Ele já te comunicou, Rafa? Duvido!

Tive certeza de q meu pai estava enlouquecendo. Inventei uma dor de cabeça e voei pra rua. Claro q ele percebeu q era mentira, ninguém corre pra rua quando a cabeça dói. Corre pro quarto, pra cama, pro colo de alguém. Adoro o colo de meu pai, mas sem latim! Sem latim!

Sabe, Rafa, acho q vou mudar o nome do feriado, traduzir. *Corpo de Cristo*, e ponto final. Sem declinação nenhuma, sem loucura nenhuma, ponto final. Fim.

Nunca vou colocar ponto final em vc, nunca vou querer ficar sem seus e-mails, sem a lembrança do seu abraço. Epa, seu não, nosso. Nosso abraço. Sabe q fiquei chateada quando vc falou do meu xampu? Não senti o cheiro do seu! Saí perdendo, e detesto perder! Tudo culpa do meu tamanho. Quem me mandou ser baixinha? Da próxima vez, vc dá uma abaixadinha na cabeça, tá legal? Meu primo, q cresceu demais, faz assim qdo se despede da mãe, senão ela não consegue dar nenhum bjo nele.

Na hora da despedida, qdo a gente se abraçou, dei um bjo em seu peito, vc sentiu? Lá onde seu coração batia. Onde eu alcançava. Sou da altura do seu coração, Rafa. Altura certinha. Nem preciso levantar o pé. Nem um pouquinho, nem a pontinha.

Ah, tava me esquecendo: tem mto tempo que não ando de bicicleta, aqui tem chovido. Gosto de chuva, pena não combinar com bicicleta. Nada é perfeito, como diz meu pai, qdo não tá dizendo "precursor".

Perfeito seria andar de bicicleta com vc aí em Athens, Georgia, nessas ruas planas, cheias de árvores. Será q as árvores daí são iguais às

daqui? Nossa rua tem três ipês, um flamboyant, dois hibiscos, quatro amendoeiras, lembra? Aprendemos esses nomes com sua mãe, q não entende só de abraço.

Eu queria entender de vc. Vou treinar. Igual vôlei, natação. Acabo aprendendo. Igual nome de árvore. Latim? Nunca, *never*, de jeito nenhum!

Neste momento, treino meu voo até sua sala, nessa cidade tranquila, de 100 mil habitantes. Pouquinho, né? Nosso bairro, aqui em SP, deve ter quase isso. Sei que vc tá grudado no computador. Tô aí pertinho, tá vendo? Tá sentindo o cheiro do xampu?

bjo no peito

Juju

 **De:** Rafael Trevilin rafa.trevilin@hotmail.com

 **Para:** Juliana Monteiro jujumont@yahoo.com.br

 **Assunto:** Re: Adeus, Corpus Christi!

 **Enviada:** Correndo pra escola, sei lá que dia!

Juju,

Até q enfim! Pensei que não vc não fosse me escrever nunca mais!

Depois q li o seu e-mail, me deu mais vontade de estar aí, pertinho de vc, pra sentir o cheiro do seu xampu e ganhar de novo um bjo no peito.

Só fui perceber que vc é da altura do meu coração quando a gente se despediu!

Mas, apesar de ser baixinha, vc tá lá nas alturas pra mim. E sem voar, sem flutuar, parada mesmo. Pq vc compreende as coisas muito mais depressa do q eu! Aquelas equações lá de matemática, lembra? Vc aprendeu num dia e noutro já tava ensinando pra mim e praquele seu primo grandão, o Nando. Aliás, ele continua jogando basquete? Tenho certeza q ele ia pirar se visse, ao vivo, um jogo do Chicago Bulls.

Acho q eu sempre pensei isso de vc, mas nunca te disse. Na verdade, eu nem sabia. Às vezes, a gente precisa ir longe pra ver de perto. Precisa de silêncio pra encontrar as palavras. E tem palavras q a gente não encontra nunca.

E olha só, Juju, eu acabei descobrindo isso meio sem querer!

Meu pai ontem tava explicando pra minha mãe q o verbo *to understand* significa "compreender", como a gente sabe. Mas ele ensinou de um jeito mais legal do q aprendemos na escola.

– *Under* é um prefixo e significa "debaixo" – disse ele. – Isso quer dizer que vc precisa se pôr abaixo de uma coisa pra entendê-la.

– Então, a gente precisa ser humilde pra entender, é isso? – perguntou minha mãe, com aquele jeitinho dela.

– Exatamente! – meu pai respondeu e acrescentou: – A palavra "humilde" vem de *homo*, q é húmus, terra e água, a matéria com a qual, dizem, Deus criou o nosso corpo. Quem é humilde tem os pés no chão, não quer ser maior q ninguém, aceita a sua própria condição.

Curti essa explicação, Juju. Legal, né?

Não é por acaso q o meu pai é professor! Ele gosta de ir à raiz das palavras, talvez pq é lá no fundo delas q tá seu verdadeiro sentido.

Igual o seu pai com essa história maluca de ensinar latim pra vc! Ele podia só explicar q *Corpus Christi*, em bom português, significa *Corpo de Cristo* e ponto final. Mas aí lá vem ele com essas tais variações e não sei mais o quê! Eu, hein! Se vc achou complicado, imagine eu...

Sorte q o meu pai se limita a explicar a origem das palavras na nossa língua. E, agora, também em inglês, o q até é bom no meu caso: preciso de mais vocabulário e fluência pra acompanhar as aulas.

Quando ele explicou esse lance do verbo *to understand* foi q eu me dei conta de que vc é muito maior do q eu, e até mesmo do q seu primo. Eu é q tenho de ficar na ponta dos pés pra alcançar a sua sensibilidade, Juju, a sua compreensão das coisas.

Apesar de, às vezes, ser meio avoada, de flutuar, vc sabe onde tá o chão!

Sabe pq seu pai resolveu te dar lição de latim?

Pq vc aprende fácil. E ainda ensina aos outros.

Vc já entende mais de mim do q eu mesmo, Juju. Nem precisa treinar pra isso, não... Igual vôlei! Com a sua altura, vc era uma tampinha no meio das outras jogadoras. E não é q se tornou a melhor levantadora da escola?

Pra mim, vc sempre foi "precursora" de coisas boas.

Qdo aparecia lá em casa, vinha logo atrás de vc um bate-papo gostoso, um convite pra passear, um montão de "sim".

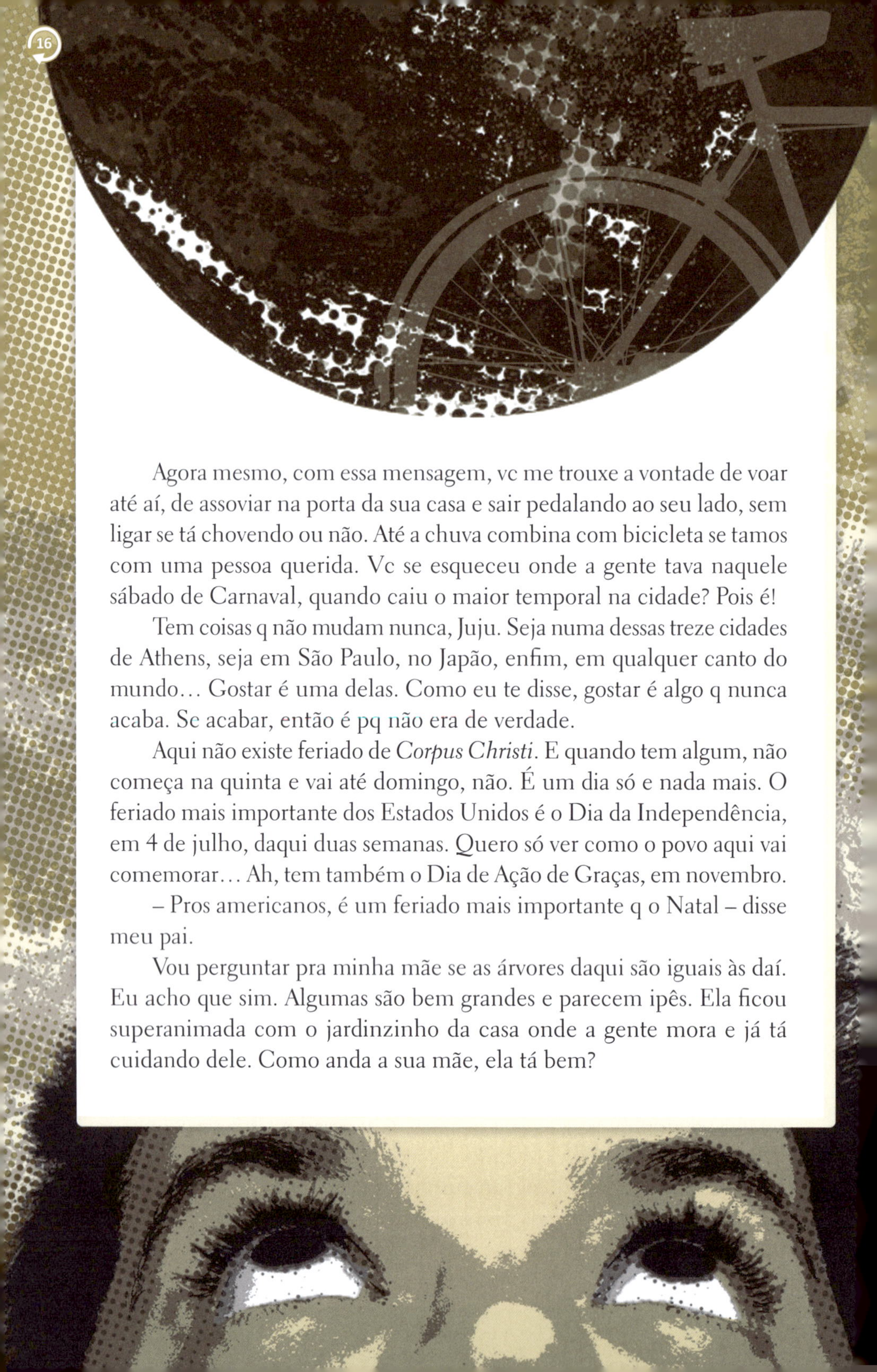

Agora mesmo, com essa mensagem, vc me trouxe a vontade de voar até aí, de assoviar na porta da sua casa e sair pedalando ao seu lado, sem ligar se tá chovendo ou não. Até a chuva combina com bicicleta se tamos com uma pessoa querida. Vc se esqueceu onde a gente tava naquele sábado de Carnaval, quando caiu o maior temporal na cidade? Pois é!

Tem coisas q não mudam nunca, Juju. Seja numa dessas treze cidades de Athens, seja em São Paulo, no Japão, enfim, em qualquer canto do mundo... Gostar é uma delas. Como eu te disse, gostar é algo q nunca acaba. Se acabar, então é pq não era de verdade.

Aqui não existe feriado de *Corpus Christi*. E quando tem algum, não começa na quinta e vai até domingo, não. É um dia só e nada mais. O feriado mais importante dos Estados Unidos é o Dia da Independência, em 4 de julho, daqui duas semanas. Quero só ver como o povo aqui vai comemorar... Ah, tem também o Dia de Ação de Graças, em novembro.

– Pros americanos, é um feriado mais importante q o Natal – disse meu pai.

Vou perguntar pra minha mãe se as árvores daqui são iguais às daí. Eu acho que sim. Algumas são bem grandes e parecem ipês. Ela ficou superanimada com o jardinzinho da casa onde a gente mora e já tá cuidando dele. Como anda a sua mãe, ela tá bem?

E só pra te provocar um pouco, peguei na internet o nome científico das árvores q tem na "nossa" rua. São todos em latim, claro: *Ficus carica*, *Plinia trunciflora* e *Citrus sinensis*.

Aposto q, mesmo sem pesquisar, vc vai adivinhar qual é o nome científico do ipê, do *flamboyant* e do hibisco!

Bem, preciso parar, Juju, já tá anoitecendo e é hora de jantar. Estamos uma hora na frente de vcs, esse negócio de fuso me confunde todo. Acho q, agora, vc ainda nem tá com fome. Acertei?

Não demore pra me escrever.

bj

Rafa

De: Juliana Monteiro <jujumont@yahoo.com.br>

Para: Rafael Trevilin <rafa.trevilin@hotmail.com>

Assunto: Me ajuda!

Enviada: Correndo pra casa, sexta-feira, antes do meio-dia

Rafa, Rafa!

De novo, não te respondi logo, como queria.

Vc me falou tantas coisas, achei tudo tão legal, q até hoje tô sem saber por onde começar. A chuva caindo lá fora, tô aqui, parada. Ah, parada nada! Nas alturas, como vc disse.

Parada e nas alturas. Sonhando com todas aquelas equações de matemática, pra te ensinar, qdo vc voltar. Estuda equação aí não, viu, Rafa? Se vc voltar sabendo isso e aquilo, como diz meu pai, ensino pra quem? Só pro Nando, que é pior que você, nunca sabe nada...

Ah, sabe, acho q ele não ia pirar se visse, ao vivo, um jogo do Chicago Bulls. Ele é torcedor do Lakers. Apaixonadíssimo. Fica madrugadas sem fim grudado na tv. A mãe dele implica, fala q no dia seguinte ele não vai acordar, mas ele nem liga. Nem escuta. Nem se mexe. Apaixonadíssimo.

Também sou apaixonadíssima por um monte de coisas e um punhado de gentes (é assim, *gentes*, no plural, ou será assim, *gente*, no singular?), um dia te conto. Algumas *coisas e gentes* vc sabe, outras sei que desconfia, mas são milhares, vc nem imagina! Minha amiga, Duda, diz q isso é culpa do meu signo, será q vc adivinha qual? Ah, fala aí, Rafa, vc acredita em signos?

Acredito – e acho lindo! – qdo vc diz q a gente precisa ir longe pra ver de perto. Parece um poeta. Vc escreve muito bonito, deve ser herança do seu pai, muito melhor q o meu pra explicar o q a gente não sabe.

Pensa bem, Rafa, qdo é que a gente ia imaginar, em nossas aulas de inglês, aqui na escola, qdo é q a gente ia imaginar q *understand*, q todo mundo decorou em dois segundos, era uma palavra com tantos segredos? Seu pai é fera, eu queria ser aluna dele. Só ia ter um problema. Eu não ia conseguir ser humilde! Por causa do meu signo, Rafa.

Se ser humilde, como seu pai ensinou pra sua mãe, é ter os pés no chão, húmus, terra e água, tem jeito não, meu signo não deixa. Duda falou, ela *understand* pra caramba. Ela *understand* mais q você, q disse que sou aérea, flutuo, mas tenho os pés no chão. Tenho nada, Rafa, tenho nada. Meus pés vivem lá no alto, pra cima da minha cabeça. E tô ficando preocupada. Se não consigo ser humilde, e se a gente precisa ser humilde pra aprender, socorro!

Tá vendo como troco os pés pelas mãos? Tava quase perdendo o rumo desse e-mail. Quase me esquecendo de te dizer que hoje não é sábado de Carnaval, mas pedalaríamos, se vc não estivesse em outro hemisfério (gostou?).

A chuva não para, Rafa. Igualzinho naquele sábado. Minha mãe não queria q a gente fosse, meu pai disse que era bobagem ligar pra uma chuvinha à toa, fomos. Chuvinha à toa? Quase viramos inundação. Mas foi legal, não foi? Nunca imaginei q vc desse conta de me carregar. Nem q ser carregada na chuva fosse tão bom. A água jorrava, as nuvens desabavam, a gente não enxergava nada, as mochilas pesavam mil quilos, os tênis dois mil (cada pé!), a calçada parecia cheia de cascas de banana. Cada vez q vc escorregava, a gente ficava mais juntinho, lembra? Igual carro fazendo curva forte. Odeio estrada sem curva.

(Rafa, qdo o mundo avisar q vai acabar, de tanta chuva, aí em Athens, nada de sair de bicicleta com a menina mais baixinha da turma, viu? Se ela for levantadora do time de vôlei, então, nem pensar!)

Como é q foi o Dia da Independência? Fiquei curiosa. Já q aí tem tão pouco feriado, ele deve valer por muitos, não? Teve discurso do Obama? Eu gosto dele, e vc?

Caramba, Rafa, vc disse q ia me provocar com o latim (meu pai me deu sossego, nem acredito!) e provocou mesmo! Maior maluquice! Eu não sabia nome nenhum daqueles, e continuo não sabendo. Na "minha" internet, é tudo diferente. *Citrus sinensis* é laranja, *Plinia trunciflora* é jabuticaba e *Ficus carica* é figueira!!! Acho que tenho de aprender a ser humilde! Ou boto a culpa de tudo no bendito/maldito do meu signo e deixo tudo pra lá? Socorro, de novo!

Seu jantar tava gostoso? Sua mãe faz a mesma comida q fazia aqui?

Pois é, vc perguntou se minha mãe tá bem, fiquei enrolando, enrolando, deixando pro fim, pra qdo não tivesse mais jeito. Não sei te responder, Rafa. Sabe uma porta fechada? Vc precisa entrar e a chave sumiu, sabe? Pra te falar a verdade, eu tava com medo de q vc me fizesse essa pergunta.

É difícil aprender, Rafa. Ser humilde. É difícil. Me ajuda!

bj de quem tá cada vez mais perto.

Juju.

De: Rafael Trevilin <rafa.trevilin@hotmail.com>

Para: Juliana Monteiro <jujumont@yahoo.com.br>

Assunto: Re: Me ajuda!

Enviada: Sábado, quatro da tarde, sofá, preguiça

Oi, Juju!

Vc me pede ajuda, mas hoje eu tô muito mal.

Não consigo ajudar nem eu mesmo. Amanhã, se estiver melhor, eu te escrevo mais.

Tô com gripe, febre e dor de garganta.

Ontem à noite fui ver o primeiro jogo do Atlanta Hawks, a temporada tá começando...

Torci e gritei tanto q acordei assim.

Eu nunca tinha visto um jogo de basquete numa arena, e muito menos aqui, nos Estados Unidos! Foi sensacional.

Só que agora nem consigo sair da cama. Me arrastei até o computador pra ver se tinha mensagem sua. Tô sem força pra responder.

Quase me animei quando vi q vc não tinha entendido a brincadeira com as árvores. Coloquei os nomes errados pra te enganar. *Citrus sinensis*

é laranja mesmo, *Plinia trunciflora* é jabuticaba e *Ficus carica* é figueira! Eu sabia q vc ia procurar na internet.

Me desculpa, Juju. Hoje eu tô péssimo.

bj

Rafa. Longe e *down*

De: Juliana Monteiro <jujumont@yahoo.com.br>

Para: Rafael Trevilin <rafa.trevilin@hotmail.com>

Assunto: Re: Re: Me ajuda!

Enviada: Domingo, dez da manhã, bicicleta, Ibirapuera

Rafa, meu amigo "longe e down", minha mãe pegava muito no meu pé, lembra? Vivia falando pra gente ter juízo. Falava tanto, eu nem ouvia direito, não precisava. Sabia tudo de cor e salteado, como diz minha avó, mãe do meu pai.

Se vc tivesse tido juízo, gritava menos no jogo... Agora, olhaí o resultado! Vc tá péssimo, com gripe, febre, dor de garganta. E do outro lado do mundo! Vai ver q tá sem voz tb, e não quis falar, ops! escrever!

Se eu pudesse, iria te ver. Ah, quer saber, Rafa? Iria nada. Tô com raiva. Quem mandou exagerar? Precisava gritar tanto, torcer tanto, pular tanto, sei lá mais o quê tanto?

Nunca pensei q fosse dizer isso, mas minha mãe tava certa. Certíssima. Faltou juízo. Tá vendo? Tô começando a aprender a ser humilde. Nunca dei razão pra minha mãe, lembra?

Vc disse que ia me escrever hoje, mas sei lá. Depois dessa bronca...

Finge q não falei nada, tá legal? Finge, vai!

bj meio bravo, meio ajuizado, meio sei lá o quê.

Juju.

De: Rafael Trevilin <rafa.trevilin@hotmail.com>

Para: Juliana Monteiro <jujumont@yahoo.com.br>

Assunto: Day after e a saudade batendo

Enviada: Quarta-feira, todas as horas, pensando em vc

Juju, voltei!

A febre passou, melhorei da gripe. Mas a garganta continua raspando. Ninguém mandou eu berrar tanto, né?

Q jogo, Juju! Vc nem imagina... Cada cesta! E as enterradas? Espetaculares! Os jogadores são enormes... O menorzinho tem 1,90 de altura, eu me senti um anão perto deles. Vc, desse tamaninho, ia parecer uma formiga. Aliás, lembra daquele formigueiro q nós fizemos pra Feira de Ciências? Pena q a rainha morreu, né?

Voltando ao assunto. Q noite! Valeu cada minuto, Juju. O Philips Arena é um superestádio. A seleção americana de basquete treina lá. Quero ver outros jogos em Atlanta, e meu pai já prometeu me levar! Ele me falou dos jogadores q entraram pro *hall* da fama e me contou um pouquinho da história do basquete. Vc lembra q *basket* em português é "cesto"? Então, o nome vem daí... A ideia pintou numa escola americana lá no norte. O inverno é gelado naquela região, e os alunos não podiam jogar beisebol nem futebol (o americano, né 😜). O diretor da escola pediu pro professor de educação física inventar um esporte pra ser praticado num local fechado. Esse professor, um tal de James Naismith, pegou um cesto de pêssego e pendurou no alto de uma parede pros jogadores acertarem a bola. Legal, né?

Meu pai tava empolgado e tb me contou da final inesquecível entre os Estados Unidos e a União Soviética (q nem existe mais, a gente estudou!) nas Olimpíadas de Munique. Os americanos venciam por 50 a 49, qdo o juiz, q era um brasileiro, terminou o jogo. Mas aí os juízes de mesa deram três segundos de acréscimo. Os soviéticos fizeram a cesta e ganharam de 51 a 50. Não é fantástico, Juju?

Hoje eu vi no YouTube umas jogadas do Magic Johnson, um armador fora de série do Lakers, um mágico, mas q se aposentou qdo soube q tinha aids. Tb baixei umas partidas do Chicago Bulls contra o Boston Celtics. O Michael Jordan era mesmo um gênio, Juju! Dá vontade de jogar basquete, depois de ver essas feras. Eu até q arremesso bem, pego rebote e não sou baixinho, né?

Então tá chovendo aí, Juju? Aqui tá o maior sol. Tô aproveitando pra pedalar pela cidade afora. Outro dia fui até o Wal-Mart, lá pros lados da autopista. O Wal-Mart de Athens é gigante. Tem uns games muito baratos. Aqueles do Pokémon custam a metade do preço. Mas minha mãe ficou brava pq fui lá, é perto demais da estrada, os carros passam a mil por hora. Levei uma dura! Mas uma dura *light*, do jeito dela...

Eu não entendo nada de signos, Juju, mas nem preciso adivinhar o seu! Sei a data do seu aniversário e pronto! Vc é de Leão. Fui dar uma olhada num site de astrologia. Colei o link aí embaixo. Tá tudo explicadinho lá. Pelo que entendi, o Sol rege o seu signo, vc não podia mesmo ser humilde! Os leoninos são muuuuuuito orgulhosos... Mas tb criativos e generosos. Vc é! Eu sempre achei... E nunca disse!

Só não sei explicar, Juju, de onde vem essa sua facilidade pra matemática! Conheço só duas pessoas *apaixonadíssimas* por equações: vc e o professor Garcia, aquele maluco... Eu, hein!

Eu sou de Touro, vc sabe. E descobri q o ponto fraco do meu signo são a garganta e o pescoço. Não é por acaso q eu vivo com dor de garganta. Aquele sábado de Carnaval, q choveu o mundo e eu carreguei vc, lembra o q aconteceu depois? Fiquei uma semana com torcicolo! Vc se segurava no meu pescoço com tanta força, Juju! Até hoje acho q não era medo de cair, não...

Aproveitei pra ver o signo da minha mãe: Câncer. E o do meu pai: Gêmeos. Sabia q Gêmeos é o signo da comunicação? Essa sua amiga, a Duda, deve *understand* tudinho, né? Não era ela q gostava do Nando?

Vc disse q eu escrevo bonito, Juju. Eu escrevo com a verdade do meu coração. A gente precisa mesmo ir longe pra ver de perto. Apesar de estarmos em *hemisférios* diferentes (gostei, sim, que vc usou essa palavra!), me sinto grudadinho em vc. Como se estivesse aí, no seu quarto. Tanto q vc até me pediu ajuda, né, Juju? E qdo pede? Nunca! Só qdo tá triste...

Não fique assim pq seus pais se separaram. Pensa q sua mãe gosta de viver longe de vc? Ela também deve sofrer, Juju. A porta não tá fechada, não, pra nenhuma das duas! A chave é gostarmos das pessoas do jeito q elas são.

Às vezes, também fico triste. Deve ser saudade. É estranho, pq saudade é coisa boa, só sentimos saudade por gente querida. Mas saudade dói! A gente até esquece as outras dores. Parece q a minha garganta sarou. Me deu vontade de cantar "Losing My Religion", do R.E.M., q meu pai vive ouvindo e eu até tô curtindo... Começa assim, ó:

Life is bigger
It's bigger than you.

Pois é, a vida é maior q eu, q vc, maior q tudo, Juju. Deixe de ser tão orgulhosa e tente compreender a sua mãe. É mais fácil do q aquelas equações de matemática...

Ah, esqueci de contar como foi o feriado do Dia da Independência. Fica pra próxima!

bj do Rafa, pertinho, de novo.

P.S.: Juju, vc viu, vc viu? O Obama ganhou o Prêmio Nobel da Paz!

www.signosdozodiaco.com

De: Juliana Monteiro <jujumont@yahoo.com.br>

Para: Rafael Trevilin <rafa.trevilin@hotmail.com>

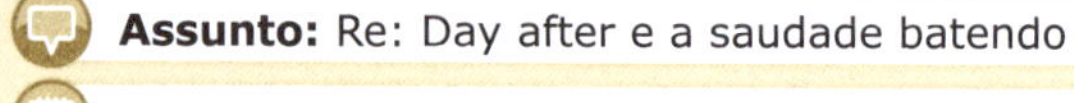

Assunto: Re: Day after e a saudade batendo

Enviada: Quarta também, pensando em quem?

Rafa, q surpresa!

Jurava q tão cedo não chegaria um e-mail seu, custei a acreditar! E a bronca de ontem? Te pedi pra fingir q eu não tinha falado nada, e vc me obedeceu! Vc é obediente, será? Ou será q vc nunca tá nem aí pra bronca nenhuma, ainda mais assim, dessa distância toda, de outro hemisfério? Haha...

Pra mim, tanto faz. O q interessa é q vc escreveu, como havia prometido. E com boas notícias. Febre nenhuma, gripe nenhuma, dor nenhuma. E, como nada é perfeito, notícia ruim tb, a da garganta raspando. Mas vai passar, tô na torcida. Vai ver até já passou, tomara!

Ah, tava me esquecendo da saudade batendo. Essa notícia é boa e ruim, me deixa feliz e infeliz. Como vc disse, saudade dói. Não tem jeito, dói. Mas, se ela só existe qdo a gente gosta de outra pessoa, vc me deu a melhor notícia do mundo, Rafa!

Fiquei não cabendo em mim, como dizia minha mãe, quando li "a saudade batendo"! Tomara q ela bata cada vez mais, e só por mim. Olha lá, hein, Rafa? Tomara q ela não te deixe pensar em mais nada, dia nenhum, noite nenhuma, hora nenhuma. Nenhum minuto, nem segundo.

Sabe qual saudade tá me batendo agora? A daquele sábado de Carnaval. Não do sábado, nem do Carnaval, isso tem todo ano. Mas vc me carregando, segurando firme, respirando pertinho, a gente quase virando chuva também, ah, Rafa, como é q a saudade não vai bater?

Agora que vc tá longe, trilhões de quilômetros de distância, posso te contar. Agora q vc não pode me ouvir – os trilhões não deixam! –, posso te contar.

Naquele sábado de Carnaval, em nenhum momento tive medo de cair! Meu medo era outro, adivinha! Te garanto q não era de q vc ficasse com torcicolo. Eu nem sabia q vc é de Touro! Muito menos q os taurinos têm algum ponto fraco. Não deviam ser fortes? Touros?

Quais serão os signos desses jogadores de basquete, fortes, gigantes? Vc tem razão, eu me sentiria uma formiguinha perto deles, mas medo, de jeito nenhum. Meus medos são outros, até te falei pra adivinhar um deles, acabei de falar. Eu me sentiria uma formiguinha, sim, mas formiguinha tb é gente. Até formiga rainha é gente. Elas até morrem, qdo a gente menos espera, como aconteceu na nossa feira de Ciências. Aquela rainha acabou com a nossa vida, morrendo antes da hora. Custava esperar o professor dar nossa nota? Depois daquele dia, nunca mais confiei em rainhas, e vc?

Li seu e-mail pro Nando, podia? Só as partes do basquete. Pensei q ele soubesse tudo, mas sabe menos q vc. E q seu pai, com certeza. Ele adorou, e eu também, a história da *basket* de pêssegos, muito legal! Ele disse q agora, qdo for ver um jogo de basquete na tv, em vez de pipoca, vai comer sabe o q?

Sabe de uma coisa, Rafa? Ele gostou tanto do seu e-mail q vai acabar te escrevendo. Ah, sabe de outra coisa? Não sei se gosto disso. Não quero ser chata, qualquer pessoa pode te escrever, mas e se eu ficar sem minhas aulas de basquete?

Quero aprender, tá passando da hora! Vivo falando em vôlei, futebol, tênis, e tenho preguiça qdo alguém fala em basquete. Tenho nada, tinha! Tô até gostando mais de pêssego q de abacaxi, minha fruta preferida, acredita? Ex, ex-fruta preferida!

O Magic Johnson eu conheço, pelos dois motivos. Um mágico com aids. Um dia, qdo vc ainda morava aqui – olha a saudade batendo... –, li muitas coisas sobre ele, em uma revista q vivia na mesa da sala da sua casa, devia ser do seu pai. Vc tava tomando um banho q não acabava nunca, sua mãe tinha saído, seu pai tava no computador, devia estar preparando alguma aula, e eu fiquei lá, lendo e relendo a revista. Pensando no mágico com aids.

O Michael Jordan eu conhecia assim, de ouvir o nome, sempre, sempre. Igual Madonna, Kennedy, Pelé, Frank Sinatra, Senna, Guga, Santos Dumont, Beatles. Nomes q a gente escuta a vida inteira, em todo lugar; casa, escola, rua, todo lugar. Mtos a gente nem conhece, são de outro tempo, mas eles ficam por aí, rondando. Nome de escritor é mais fácil, fica na estante. Qdo a gente esquece, é só procurar. Se a estante for pequena, beleza! Se for como a do seu pai, já pensou? A gente pode viver até cem anos q não lê nem a metade daquilo tudo. Pra que tanto livro, hein Rafa?

Aquela história das Olimpíadas de Munique tb é novidade pra mim. União Soviética, lembro, sim, quando estudamos. Era Rússia, veio a Revolução Comunista, virou União Soviética, veio o Gorbachev e sei lá quem mais, virou Rússia de novo, quem é que entende o mundo? Será q o Brasil ainda vai virar Terra de Santa Cruz?

Aqui continua chovendo, sim, daquele jeito q vc conhece. Tudo inundado, o Tietê transbordando, gente sem casa, sem nada, chorando, tendo de começar tudo de novo. Vejo na tv, parece outra cidade. Nosso bairro é abençoado, nunca tem nada disso. Outra cidade.

Vc comprou os games do Pokémon? Se não comprou, será q sua mãe vai te deixar voltar lá? Deve ser bom ter uma mãe *light*, capaz de *understand* (não seria *to understand*?) q o mundo não acaba qdo a gente faz umas coisas erradas. Pra minha mãe, ele acabava todo dia.

Pois é, Rafa. Sou Leão, o rei. Será q dá pra confiar em reis? Se eu confiasse em mim, se não fosse tão orgulhosa, se fosse Touro, como vc, tentava entender esse negócio de porta fechada q não se fecha. Esse mistério. Tem jeito não, Rafa. *It's bigger*, o R.E.M. tem razão.

Minha mãe, que acabava com o mundo todo dia, acabou com o meu num sábado de manhã, sem chuva nem Carnaval. Arrumou a mala e se foi, dizendo q não tava se separando de mim, só do meu pai. Isso eu sei, ela nem precisava dizer. Q ela gosta de mim, sei tb, quem não sabe? Por isso é q fica difícil entender. Se gostava, e gosta, pq foi embora batendo a porta com força? Custava ter ficado?

Combinei com a Duda, vamos olhar o site de astrologia juntas, aí te conto. Quem sabe ela descobre pq sou quase um professor Garcia? Não sei se ela gosta do Nando, ela só fala em signos e viagens, mas ele gosta dela, tenho certeza! Outro dia, ele me telefonou, tarde da noite, só pra falar q, na véspera, tinha sonhado com ela. Fiquei morrendo de raiva! Se ele tinha sonhado na véspera, se tinha tido o dia inteiro pra telefonar, pq me chamar logo naquela hora, qdo eu tava começando a sonhar com vc? Vc tava entrando no meu prédio, acredita? Vi da janela, voei pra porta, chamei o elevador. Antes q ele chegasse, olha o celular do meu primo chamando!

Vou dar um jeito de sonhar de novo, Rafa. De vc ficar como no finalzinho do e-mail, "pertinho". Só de mim.

bj sonhado

Juju.

P.S.1: Qdo vi o Obama ganhando o prêmio Nobel, me lembrei de vc.

P.S.2: E o feriado do Dia da Independência, esqueceu?

De: Rafael Trevilin <rafa.trevilin@hotmail.com>

Para: Juliana Monteiro <jujumont@yahoo.com.br>

Assunto: Abacaxi

Enviada: Quarta-feira, tarde da noite, sozinho

Oi, Juju!

Q bom q vc me escreveu logo. E bastante! Vc não sabe o qto fico feliz com os seus e-mails! Mesmo aquele, do outro dia, em q vc me deu bronca. Obedeci a sua ordem e nem toquei mais no assunto. As suas mensagens trazem vc aqui, bem juntinho de mim. Agora, por exemplo, parece q vc tá na minha frente, Juju. Igual qdo a gente andava de bicicleta, vc sempre na ponta, querendo descobrir as coisas primeiro pra depois me mostrar, lembra?

Claro, nenhum e-mail pode eliminar os mares e as terras do nosso caminho, nem diminuir os oito mil quilômetros q nos separam. Penso em vc o tempo todo, até sonhando, e espero que vc faça o mesmo, pense sempre em mim – se o seu primo não ficar te ligando toda hora... E não é pq eu me sinto mto sozinho aqui, não! Já fiz uns amigos na escola, depois eu falo deles. É q qdo chega um e-mail seu, Juju, a saudade dói um pouco menos. Vc fica pertinho, bem pertinho... Dá até pra sentir o cheiro do seu xampu... Pena q não posso te abraçar, só dar um "bj sonhado"!

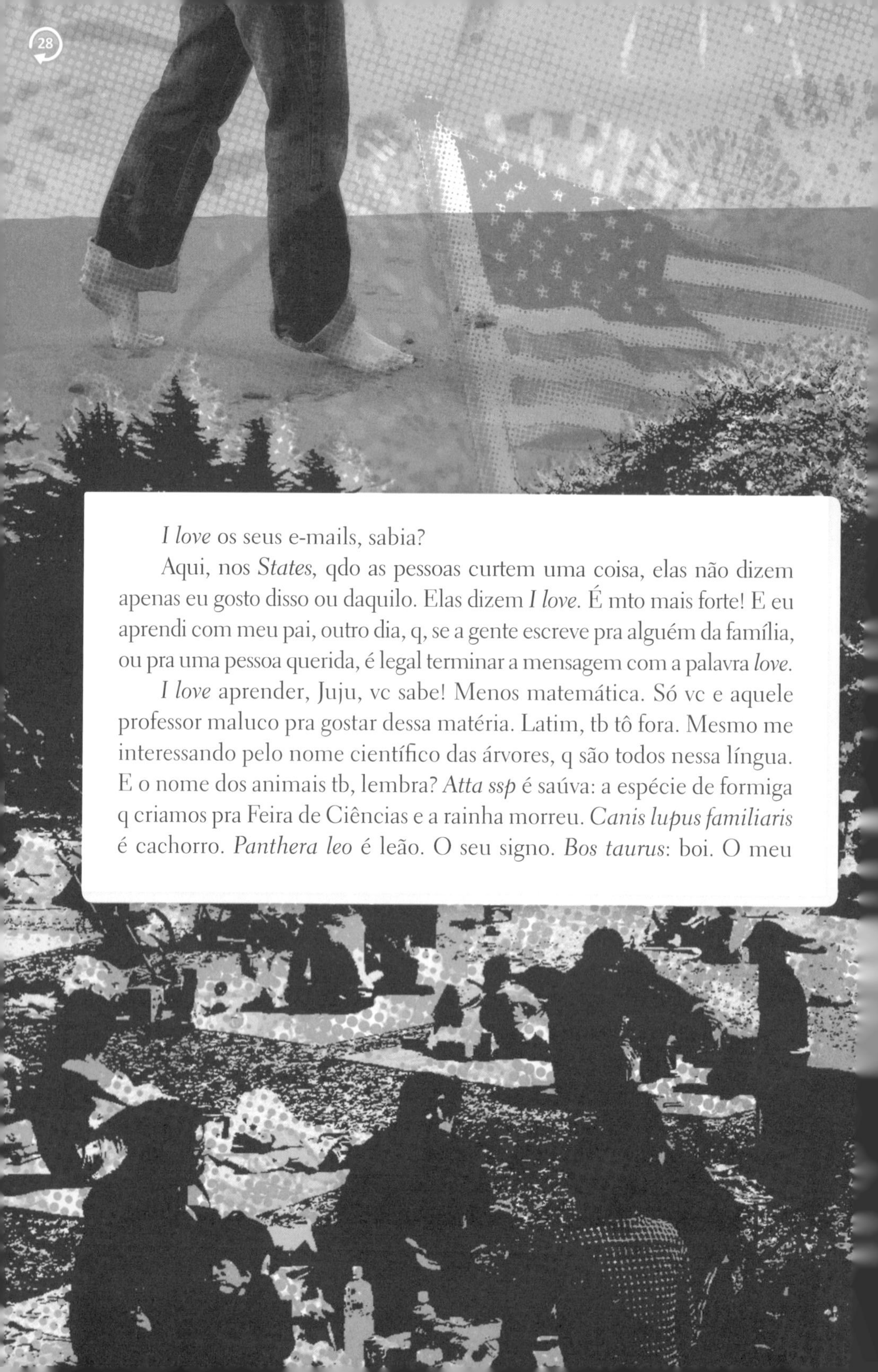

I love os seus e-mails, sabia?

Aqui, nos *States*, qdo as pessoas curtem uma coisa, elas não dizem apenas eu gosto disso ou daquilo. Elas dizem *I love*. É mto mais forte! E eu aprendi com meu pai, outro dia, q, se a gente escreve pra alguém da família, ou pra uma pessoa querida, é legal terminar a mensagem com a palavra *love*.

I love aprender, Juju, vc sabe! Menos matemática. Só vc e aquele professor maluco pra gostar dessa matéria. Latim, tb tô fora. Mesmo me interessando pelo nome científico das árvores, q são todos nessa língua. E o nome dos animais tb, lembra? *Atta ssp* é saúva: a espécie de formiga q criamos pra Feira de Ciências e a rainha morreu. *Canis lupus familiaris* é cachorro. *Panthera leo* é leão. O seu signo. *Bos taurus*: boi. O meu signo. Mas não exatamente, pq boi é uma coisa e touro é outra. Touro é mais forte, se bem q eu me sinto tão frágil, às vezes…

Aprender nem sempre é fácil. Aprender também dói, como ter saudades. Então, já q falei de família, veja se aprende a ser compreensiva com a sua mãe, Juju. Vc aprende tudo tão rápido, bem mais do q eu! Tá na hora de pôr o orgulho de lado. Lembre-se da palavra humildade, q é ter os pés na terra… Baixinha como é, vc já tá mais perto do chão, haha 😃. E salto alto vc nunca usou, Juju. Mesmo sendo a rainha das levantadoras! A única rainha em q eu confio. Aliás, como andam os treinos?

Qdo a gente fica longe de uma pessoa, Juju, acaba descobrindo uma porção de qualidades dela. E aprende mto. Igualzinho o nosso caso: só agora, na América do Norte, é q vejo o qto eu gosto de vc! Então? Seja mais *light* com a sua mãe! Já notou q, pra vc, às vezes, parece tb q o mundo vai acabar? Uma coisinha de nada e vc dá a maior bronca na gente… Vc tem pra quem puxar! Sua fruta favorita só podia ser abacaxi: qdo dá pra ser azedo… Outro dia, descobri q tudo q é *abacaxi* pros americanos, eles dizem q é *lemon*. Engraçado, não?

O Independence Day foi da hora, Juju. No país inteiro, as pessoas comemoraram a independência! Em Washington, o Obama discursou e foi superaplaudido, teve desfile e fogos de artifício de dia, e um concerto na frente do Capitólio à noite. Mta gente fica assistindo a tudo pela tv, mas a maioria aproveita pra fazer churrasco e descansar. Aqui, em Athens, seguindo a tradição, uma banda de música desfilou no centro da cidade. Meu pai sugeriu um piquenique no campus da Universidade da Georgia, onde ele trabalha. Mtas famílias tiveram a mesma ideia e se reuniram lá pra se distrair e comer. Athens tá cheia de farofeiros, e desconfio q outras cidades dos Estados Unidos tb!

O campus da universidade é um lugar lindo, com árvores enormes, centenárias, minha mãe adorou, até tirou um cochilo na sombra de uma delas. E eu me lembrei do nosso Ibirapuera. Daquele sábado de Carnaval lá, da chuva, eu te carregando… E vc com medo! Mas medo do q, Juju? Aliás, q triste o povo perdendo tudo com a chuva q não para de cair aí, não é? Mas pior seria se, além da chuva, tivesse furacão, como o Katrina, q destruiu quase toda New Orleans, a cidade do jazz. Meu pai prometeu q vai nos levar lá, pra conhecer o French Quarter, a Bourbon Street, o rio Mississippi. Já pensou, Juju? Vai ser um sonho conhecer New Orleans! Mas esse sonho seria mto mais legal se vc estivesse lá comigo…

Depois do piquenique no campus, meu pai nos levou até o estádio da universidade, ali perto. O Sanford Stadium é um show, Juju, vc nem faz ideia. Mas foi lá, infelizmente, q a seleção brasileira de futebol, nas Olimpíadas de Atlanta, perdeu a semifinal pra Nigéria. O Brasil tinha o Dida no gol, o Bebeto e o Ronaldinho no ataque, e ainda o Zagallo como técnico.

– E mesmo assim, ficamos só com a medalha de bronze! – meu pai falou.

Deu zebra. Ou melhor: acho q o Brasil entrou em campo de salto alto.

Viu?

Pés no chão, Juju! Humildade...

Fiquei feliz q o Obama levou o Nobel da Paz, mas meu pai achou prematuro. Lembra dessa palavra? Ouvimos pela primeira vez na aula de biologia. Meu pai achou que o Obama ganhou o prêmio cedo demais. Disse q foi um lance político. Ele deve ter lá seus motivos... Um dia vou entender essas coisas. E as do coração tb, quem sabe...

Ontem, descobri outra famosa do R.E.M., "Everybody Hurts". "Todo mundo se machuca". Então, pq ter medo, Juju? Depois a gente sara...

Olha, pode dizer pro Nando me escrever, assim eu converso com ele sobre a NBA. Se ele é fanático pelo Lakers, deve conhecer bem a história do Magic Johnson. E deve saber q, agora, tem uns brasileiros brilhando na liga americana, como o Anderson Varejão, um pivô e tanto... Aproveita e conta pra Duda q ele gosta dela... Como disse minha mãe, é bonito se apaixonar. E não custa dar uma mãozinha, vc não acha?

A dor de garganta passou, Juju. Só a saudade que não passa.

Tá na hora de tomar um banho quente, desses q não acabam mais, como vc diz.

Um bjo com gostinho de *Ananas comosus*! A sua fruta preferida.

Love,

Rafa.

De: Juliana Monteiro <jujumont@yahoo.com.br>

Para: Rafael Trevilin <rafa.trevilin@hotmail.com>

Assunto: Love!!!

Enviada: Dia chato, q não acaba

Oi, Rafa, Rafa!

Pois é, sumi, desapareci, parece até q morri, mas tô de volta pra te dizer:

Love! Love! Love!

Adorei esse *love* q vc disse q seu pai disse q usam direto aí nos *States*.

Tb vou usar. Prepare-se! Vou começar e terminar todos os meus e-mails com esse *love*. Quem mandou vc me ensinar?

Tanta coisa pra comentar nesse seu e-mail, Rafa! E tanta coisa nova pra te contar! Vou ter de escrever um testamento...

Vc já viu – ou leu – algum testamento? Devem ser gigantescos. Agora, se a pessoa for pobre, aí deve ser um testamentinho de nada, não?

Vamos fazer um testamento, Rafa? Um só, pra nós dois. Juntamos nossos CDs, bicicletas, e-mails, tudo. Roupa não adianta, as minhas só servem pra mim, as suas só pra vc. Ah, seus games! Os q vc comprou e os q ainda vai comprar, se sua mãe deixar. Vc é rico, pelo menos mais do q eu, q só tenho uma coleção de lápis q ninguém quer, ainda bem. Adoro meus lápis. Andei separando eles todos, igual seu pai faz com os livros. Lápis de hotéis em uma caixa, de times de futebol em outra, de lojas em outra, e por aí vai. Ah, tem lápis da Disney, da Austrália, da Itália, até da China, acredita? Uns gigantescos, parecendo testamento. De gente rica, claro.

De onde vem tanto lápis? Do mundo. Dali, daqui. Coloquei no Facebook q tinha coleção e... pronto! Começou a chover lápis aqui em casa. Uns chegam pelo correio, outros aparecem na portaria, tem gente q me entrega no colégio, ah, tem hora q nem acredito.

E se eu colocasse no Facebook que gosto de vc, hein? Será que o correio ia me trazer um *Bos taurus*? Um touro frágil? Sabe de uma coisa, Rafa? Não vou pesquisar mais latim nenhum na internet. Da outra vez, vc me enganou, lembra? Mandou tudo trocado, só pra me testar. Pois agora, azar. Se tiver errado, fica. Vc não disse q sou *lemon*?

Não quero ser *lemon* com minha mãe, Rafa. Nem *light*. Tá difícil, continua difícil. Acho q vc tá certo – salto alto, humildade –, mas toda vez q converso com ela, a raiva volta. Choro, falo alto, dá tudo errado. E ela vai embora sem o abraço q bem q eu queria dar. Ah, Rafa, atravessa a Venezuela, o Norte do Brasil, o Nordeste, atravessa tudo o que está no nosso caminho, acerta esse fuso e vem me ajudar, anda logo!!

Meu pai disse que o mundo inteiro tá precisando de ajuda. A Líbia, o Egito, o Iêmen, a Tunísia, a Austrália. Qdo não é briga, é terremoto. Maior confusão. Um mundo de gente fugindo, matando, morrendo... Entendo pouco, mas vejo tudo, na tv e na internet. E converso com meu pai, q fica dizendo q o mundo é um só, q as coisas são sempre as mesmas, só mudam de lugar. Uma hora o furacão é em New Orleans. Outra hora, em uma ilha do Pacífico. Uma hora a guerra é na Europa. Outra hora, na Ásia. Uma hora a ditadura é no Haiti. Outra hora, em Cuba.

Ditadura a gente já teve aqui, mais de uma vez, estudamos no colégio, lembra? Guerra, por enquanto, tá passando longe...

Por falar em colégio, lembra qdo lemos aquele livro *Uma história só pra mim*, do pai q mal conhecia o filho? A gente chorou, lembra? Vc, touro frágil, chorou quase o mesmo tanto que eu, leão baixinho. Pois hoje me deu vontade de chorar de novo, Rafa. Vi no Facebook que o Moacyr Scliar, autor do livro, morreu. Lá em Porto Alegre. Ele era de lá, lembra q a gente fez a biografia dele? Ele era de lá, era médico e gostava de ler e de escrever. E de viajar.

Ah, preciso te dizer: tenho viajado com seus e-mails. Procuro tudo na internet. A Bourbon Street e todo o French Quarter são lindos! Parece cidade cenográfica! Vi no Google Maps. Se você aumentar o zoom até o máximo, ele te leva pro meio da rua! Como se você estivesse lá! Passeei no campo do Sanford Stadium, Rafa!

É só vc escrever, vou – correndo! – procurar. Voando. Só não vou se for em latim. Mais teste? Tô fora!

Li seu e-mail e fiquei pensando, Rafa: aqui tb podia ter um Independence Day, só pra gente fazer um piquenique. Romântico pra caramba! Grama, toalha xadrez, cesta de vime, pão, pão de queijo, requeijão, patê, suco, refrigerante, ah, vamos fazer um, só nós dois? Só nosso? Depois, a gente coloca no testamento, q tal? Vai ser um testamento único no mundo. Te garanto q ficamos famosos. Testamento com games, piqueniques e bicicletas, onde já se viu? Único no mundo.

Rafa, vc disse q vai me contar dos novos amigos. Enquanto vc não conta, te imagino no meio deles, *speaking english*, *understanding* tudo. Acertei? Meu *english* tá legal? Tá *beautiful*? Haha. Manda umas fotos, tá bom? Ou será q o touro, além de frágil, é preguiçoso? Quero ver se vc continua o mesmo Rafa – único no mundo, pra mim – q saiu daqui, naquele dia de chuva, uma tristeza só.

Meu primo te escreveu? Dei o recado, mas não me encontrei mais com ele. Nem com a Duda. Ando sem tempo, treinando bastante. Se quero continuar sendo a rainha das levantadoras, tenho de treinar, não tenho? É bom, esqueço um pouco os problemas com minha mãe. Qdo tô jogando, só penso nas levantadas caprichadas q preciso dar. E nos saques q não posso perder. Perder saque é vexame, Rafa. maior vergonha. Ah, além de jogar, penso em vc, tb. Vc me chamando de baixinha azeda. *Lemon*.

A baixinha azeda aceita o bj com gostinho de *Ananas colossus*, delícia! E te envia, com doçura, *love*, *love*, *love*!

Juju.

De: Rafael Trevilin <rafa.trevilin@hotmail.com>

Para: Juliana Monteiro <jujumont@yahoo.com.br>

Assunto: Re: Love!!!

Enviada: Domingo, dia incrível, vc escreveu, viva!

Nossa, Juju, acho que vc desapareceu só pra escrever esse testamento! Vou escrever um tb. Haha.

Mas, antes, mando fotos dos meus amigos aqui. Tô cheio de lição pra amanhã! Depois eu te envio outra mensagem. Nessa *school* não tem moleza, não...

Pra vc não ficar boiando, eu explico: na primeira foto, sou eu e o John, meu vizinho. Na segunda, tô entre o Antonio, de Porto Rico, e a Collie, americana de Athens mesmo. Os dois estudam na minha classe.

Até já, *lemon*!

Love.

Rafa

De: Rafael Trevilin <rafa.trevilin@hotmail.com>

Para: Juliana Monteiro <jujumont@yahoo.com.br>

Assunto: Testamentinho

Enviada: Terça-feira, antes de andar de bicicleta

Juju, eu de volta!

Sorry, ontem não deu pra te escrever uma mensagem maior. Como eu disse, tinha mta lição de casa, mas fiz tudinho e acho q me saí bem. Hoje o dia tá maneiro, não tenho tarefa pra amanhã e mais tarde vou andar de bicicleta.

E aí? O q vc achou dos meus amigos? O John é meio quieto, mas gosto dele, talvez pq eu tb não seja lá de falar mto. Nem pareço filho de um professor PhD em Comunicação, não é?

O Antonio veio de San Juan, capital de Porto Rico, com os pais e dois irmãos. Ele fala engraçado, misturando inglês e espanhol. Adora o futebol brasileiro e é fã do Ronaldo. Aliás, outro dia li na internet que o "Fenômeno" tava jogando aí, no Corinthians, mas já ia pendurar a chuteira. É verdade?

A Collie é uma dessas americanas baixinhas, de pele muito branca, o rosto cheio de sardas, como vc viu. Foi a primeira a me dar as boas-vindas na escola e a me apresentar pra galera. A mãe dela tb é professora na Universidade da Georgia, onde meu pai trabalha.

Bem, depois eu te falo de outros amigos q fiz aqui. Ah, o Nando me escreveu, o cara é louco mesmo por basquete, hein? Sabe tudo o q tá rolando na liga americana! Já trocamos uns e-mails. A vida tem um jeito estranho de ligar as pessoas, não é, Juju? Qdo eu tava aí, nós nunca conversamos, e, agora, morando em Américas diferentes, acho q eu e seu primo vamos virar amigos. Quem sabe se eu der um empurrãozinho ele não se declara pra Duda?! Ela devia dar mais bola pras pessoas do q pra astrologia. O lance dos signos é legal, mas de q adianta saber tudo do zodíaco e não perceber q tem gente apaixonado por ela?

Juju, e essa sua coleção de lápis? Vc sempre curtiu colorir os desenhos que a gente fazia em equipe nas aulas de ciências e geografia. Mas eu nunca imaginei q era tão ligada em lápis! Se bem q eu me lembro de te ouvir, às vezes, cantando aquela música, "Aquarela", da propaganda da Faber Castell q vimos no YouTube. Pesquisei no Google e colei o comecinho dela pra vc:

Numa folha qualquer
Eu desenho um sol amarelo
E com cinco ou seis retas
É fácil fazer um castelo...
Corro o lápis em torno

Da mão e me dou uma luva
E se faço chover
Com dois riscos
Tenho um guarda-chuva...

Vou ver se encontro uns lápis diferentes aqui nos *States* e mando pra aumentar a sua coleção. Isso se vc quiser, pq, pelo jeito, a chuva de lápis pode inundar sua casa. O q o seu pai tá achando disso?

O Facebook é incrível, não é, Juju? Outro dia li q uma galera de um colégio aí em São Paulo combinou pelo Facebook de ir numa padaria q sempre dava balas de troco pra eles em vez de moedas. E não é q mais de cem pessoas se reuniram lá e fizeram o maior auê? Pediram lanche, Coca-Cola, sorvete, tudo o q queriam. E pagaram com balas!

Aqui no cinema tá passando *The Social Network*, q conta a história do Facebook e seus criadores. Teve até um brasileiro no meio. Meu pai ficou de me levar. Minha mãe tá a fim de ir tb. Então, vamos fazer um programa em família!

Athens continua agitada, Juju. É mesmo uma cidade musical. Semana passada, a Orquestra Sinfônica deu um show ao ar livre. Foi sensacional! Lembrei da gente, naquela manhã, no Ibirapuera. Não foi como no Carnaval, aquele sábado debaixo de chuva ainda é insuperável, mas tb marcou a gente, lembra? Estávamos lá passeando e, de repente, qdo chegamos perto da Oca, vimos a multidão. Nem sabíamos o q tava acontecendo. Foi muita sorte a nossa dar de cara com a Sinfônica de São Paulo. E ainda assistir aquela apresentação fantástica de graça!

Q alegria viver momentos assim, não é, Juju? A gente devia agradecer todos os dias essas coisas lindas. São elas q nos tornam ricos! De q adianta um testamento enorme, só com casas, carros, roupas? O meu testamentinho tá cheio de alegrias q vivemos juntos!

Mas, como vc disse, há problema demais pelo mundo afora... Terremoto. Tsunami. Furacão. Guerra. Milhares de pessoas precisando de ajuda! Uma tristeza...

Por isso, deixei pro final deste e-mail as coisas tristes. Pois é, eu adorei aquele livro, *Uma história só pra mim*, do Moacyr Scliar. Eu não sabia q um livro, de tão bonito, podia fazer a gente chorar. Aprendi naquele dia, qdo acabamos de ler. Essa descoberta tá no meu testamento. Ela me fez maior. E acho que vc também! Digamos q a baixinha azeda cresceu um tiquinho mais...

Então, Juju, pense bem! Deixe de ser *lemon*. Tente compreender a sua mãe. Essa história, só as duas podem mudar. Como rainha das levantadoras, capriche no passe e jogue a bola pra ela. Assim vcs viram o jogo!

Love.

Rafa

P.S.: Ah, vc é exagerada mesmo! Quer usar *love* no começo e no fim dos e-mails. *Love* a gente só usa pra terminar, Juju. Pra começar, pode usar *dear*, se a pessoa é querida. Senão, comece com *hi* ou *hello*. Mostre q seu inglês tá *beautiful*!

De: Juliana Monteiro <jujumont@yahoo.com.br>

Para: Rafael Trevilin <rafa.trevilin@hotmail.com>

Assunto: Dear! Dear!

Enviada: Dia de Santo Antônio, festa junina na escola

Rafa, *my dear*!!!

Acertei, não acertei? Vc não é só uma pessoa querida, é *a minha* pessoa querida! Então, ***my** dear*!

Rafa, *my dear*, fiquei um tempão olhando aquelas fotos. Fez as contas, aí? Quatro meses! Há quatro meses que estou olhando aquelas fotos, acredita? Olhando não, contemplando. Olhar, a gente olha depressa, não tem graça. Contemplar é diferente, demora. Mais legal. Igual pensar e meditar. Pensar a gente pensa num segundo, como se voasse. Meditar a gente medita horas e horas, como se pousasse.

Nunca meditei, não tenho paciência pra isso, meu signo não deixa, mas pousar é bem legal. Nunca viajei de avião, mas sei que, no fim da viagem, avisam q ele vai pousar. Morro de medo de altura, vc sabe, então acho que essa deve ser a melhor hora...

Vc não tem medo, né, Rafa? Se tivesse, como iria fazer pra viver pra lá e pra cá, com seu pai achando o mundo pequeno?

Será q vai ficar contemplando essa foto q tô te mandando? Meu pai e eu de bicicleta, no Ibirapuera, olha aí. Tá vendo? Se vc contemplar bem contempladinho, vai ver que tô pensando em vc. Com saudade. Com saudade e com vontade de andar de bicicleta ao seu lado, aqui, aí, em qualquer lugar do mundo. Correndo, disparando, voando.

Lembra do *ET*? As bicicletas voavam, lembra? Era lindo! Ah, Rafa, de voo de bicicleta não tenho medo nenhum! Sabe de uma coisa? Eu queria ter trabalhado naquele filme, ser amiga do ET e voar de bicicleta. Ver o mundo lá de cima, a cidade, as casas, as árvores, bem q isso podia acontecer, não podia?

Ah, tem uma coisa q não pode acontecer, de jeito nenhum. Vc começar a gostar dessa Collie. Não posso nem pensar, Rafa. Vc andando de bicicleta com ela... Todo mundo aí em Athens tem bicicleta, vc me contou no primeiro e-mail. Pensa que esqueci? Mesmo de longe, vou ficar de olho, juro!

Pois é, Rafa, o Toquinho desenhava *um sol amarelo em uma folha qualquer* com um lápis só, né? Amarelo. E eu, q tenho tantos, não desenho sol nenhum. Nem lua. Não desenho nada, nada! Só sei colorir figuras já prontas, igual eu fazia nos desenhos que vcs criavam, na escola. Colorir o mundo nos mapas de geografia era legal pra caramba! Ah, mesmo não desenhando nada, adoro meus lápis, cada um de um lugar, como te falei. Viajo com eles, acredita?

Qdo vc me der os de Athens, vou olhar cada um, bem olhadinho. Depois, bem devagar, vou contemplar cada um. Bem contempladinho. Aí, vai ser como se eu andasse de bicicleta pelas ruas planas de Athens. Como se a gente voasse, junto com o ET. Como se fôssemos amigos dele. Sabe, Rafa, vai ser tão maneiro, como vc gosta de dizer, q a gente pode desenhar um sol amarelo no espaço. Com as bicicletas. Depois, a gente conta pro Toquinho, topa?

Vou voltar pro chão, com as duas pernas. Fala pro seu amigo de Porto Rico q o Ronaldo Fenômeno pendurou as chuteiras, sim, há algum tempo. Passou pro time dos torcedores. Só não sei pra quem ele torce, uns dizem q é pro Flamengo, outros garantem q é pro Corinthians, como vc. Não quero nem saber, meu time é outro, haha...

Esta semana, ninguém quer falar em futebol, tá todo mundo traumatizado com os quatro pênaltis que o Brasil perdeu no jogo contra o

Paraguai, pela Copa América. Maior vexame, Rafa! Ainda bem q vc não viu. Aí só passa basquete e beisebol, não é?

E aí, vc viu o tal filme sobre o Facebook? O programa em família foi legal? Toda hora q escrevo *legal* penso em *maneiro*, sabia? Tenho mania de *legal*, vc de *maneiro*... *Legal* é meio antigo, mas eu gosto. Ah, meio antigo nada, antigo pra valer.

Outro dia, meu pai tava lendo um livro do Paulo Mendes Campos, lembra? A diretora da escola falou nele, uma vez, na feira de livros. Disse que ele, o Fernando Sabino e o Rubem Braga eram amigos inseparáveis.

Pois o meu pai tava lendo uma crônica chamada "Ser brotinho". No tempo deles, *brotinho* significava adolescente, disse meu pai. Ele foi lendo, achando engraçado, e acabou separando uns trechos pra mim. O primeiro dizia assim: "Ser brotinho é falar *legal* e *bárbaro*".

Então, sou brotinho, tá vendo, Rafa? Brotinho antigo, de 1960, data da crônica. Vi lá, na "ficha catalográfica", aquela chatice q a professora fazia a gente consultar, antes de ler cada livro. Maior canseira.

Antes de terminar, preciso te falar que adorei o q vc disse sobre o Moacyr Scliar. Sobre a gente ter chorado. A gente chorou de achar bonito. Isso aí, Rafa. Não foi de tristeza, foi de beleza.

Ah, Rafa, ainda quero chorar em mtos livros. Sou brotinho, tenho muito tempo.

Não tenho chorado por causa da minha mãe, tô me acostumando. Outro dia, lanchei na casa dela. Eu ainda não tinha ido lá, a casa tem o jeito dela, flor pra todo lado. Na hora de ir embora, eu ia entrando no metrô, ela me deu um lápis.

Rafa, aprendi com vc, vou colocar no meu testamentinho: as lágrimas pelo Moacyr Scliar, as não lágrimas pela minha mãe, o sol amarelo do Toquinho, o brotinho antigo do Paulo Mendes Campos, o ET, a Sinfônica de São Paulo na Oca e todas as coisas boas, bonitas e simples q a gente deixa passar.

A casa da minha mãe é bonita e simples.

Love.

Juju

De: Juliana Monteiro <jujumont@yahoo.com.br>

Para: Rafael Trevilin <rafa.trevilin@hotmail.com>

Assunto: Descolorirá!

Enviada: Mesmo dia, antes da festa

Rafa, sem *dear*, pra variar,

eu, de novo!

A "Aquarela" não me saiu da cabeça, então, logo depois de te escrever, fiz como vc: corri pra internet. Maior surpresa! Não sabia q a letra era tão grande! Não acabava nunca! Ia copiar pra vc, pra nós, pro nosso testamentinho, mas desisti. Copiei só o final, olhaí. Adorei esse *descolorirá*, achei maneiro.

Nessa estrada não nos cabe
Conhecer ou ver o que virá
O fim dela ninguém sabe
Bem ao certo onde vai dar

Vamos todos
Numa linda passarela
De uma aquarela
Que um dia enfim
Descolorirá...

Numa folha qualquer
Eu desenho um sol amarelo
(Que descolorirá!)

E com cinco ou seis retas
É fácil fazer um castelo
(Que descolorirá!)

Giro um simples compasso
Num círculo eu faço o mundo
(Que descolorirá!)

Rafa, com tantos lápis, o mundo descolorirá?

Sem *love*, pra variar.

Juju.

De: Rafael Trevilin <rafa.trevilin@hotmail.com>

Para: Juliana Monteiro <jujumont@yahoo.com.br>

Assunto: Re: Descolorirá!

Enviada: Dia de Santo Antônio, sem festa...

Juju, eu já ia responder seu e-mail, qdo chegou este outro, com o final da "Aquarela".

Fiquei ainda mais feliz com essas duas mensagens suas. Qta coisa legal, quer dizer, maneira, não é, Juju?

Gostei muito desse lance q vc falou, a diferença entre olhar e contemplar. Sempre admirei seu jeito de ver as coisas. É uma coisa só sua, parece q vc vê o mundo não só com os olhos, mas com os olhos dos seus olhos! Lembra qdo lemos Fernando Pessoa na biblioteca do meu pai? Aquele poeta português cheio de heterônimos? Foi naquele dia q ouvimos pela primeira vez essa palavra: heterônimo.

Lembro q meu pai leu um poema dele pra nós, meio de brincadeira, e no meio tinha um verso mais ou menos assim: "os olhos dos meus olhos"... Eu adorei! Na hora, vc não disse q tb tinha gostado. Mas no dia seguinte, qdo vc cortou os cabelos, pra não atrapalhar suas jogadas de levantadora, eu falei: Nossa, Juju, vc tá mais bonita do q já era! E vc disse: "São os olhos dos seus olhos, Rafa!".

Vc sempre me surpreende, Juju. Vc vê o mundo mais fundo do q eu. Igual a minha mãe: ela vê tudo sem pressa. Ela contempla as coisas. Às vezes, eu vejo ela no jardim, cuidando das plantinhas com tanto carinho, me dá até vontade de chorar. Chorar de beleza, de ver o qto ela é uma pessoa *dear* pra mim. Aliás, eu acho q vc é a rainha das levantadoras por isso mesmo: pq vc vê o jogo com os olhos dos seus olhos.

Pois eu não quero só olhar pras coisas, não... Eu quero aprender a contemplar tb! Se vc tivesse aqui, tenho certeza q ia me ensinar, como me ensinou aquelas equações de matemática, e eu ia aprender rapidinho... Desconfio até q já aprendi um pouco: qdo a gente veio pra cá, apesar de eu ter viajado de avião umas vezes com meu pai, nunca tinha feito uma viagem tão longa. Foram dez horas de voo, Juju! E aí, qdo a gente decolou, eu não fiquei olhando São Paulo lá de cima, não: eu fiquei contemplando. E pensando numa coisa, bem devagarzinho. Eu pensava: logo eu estarei de volta! Logo eu vou ver a Juju de novo!

E agora eu tô contemplando a sua foto, vc com seu pai. Saudades de andar de bicicleta no Ibirapuera com vc... Dá pra ouvir meu assovio? Já pensou a gente andando numa boa, feliz da vida, e de tão feliz, de repente, as nossas bicicletas começavam a voar, igualzinho no *ET*, como vc queria, já pensou? Lá do alto, a gente ia desenhar um sol amarelo, a gente ia colocar mais azul no céu com os seus lápis, Juju! A gente não ia deixar nada descolorir: as árvores, os rios, as montanhas... Q lindo seria, não é, Juju? Não ia ter pra ninguém, só pra nós dois, eu e vc! Aliás, nada de ciúme da Collie, hein! Ela é uma garota legal, Juju. E basta dar uma olhada no Facebook pra vc ver q a Collie não tem os olhos dos seus olhos!

E, agora, uma notícia *bigger*: a sua coleção de lápis vai aumentar! Sabe pq, Juju? Consegui aqui, numa lojinha no centro de Athens, uns lápis do Mickey, desses q vendem lá na Disney. E tb da Minnie, do Pateta, tem até um do Tio Sam. Vou pedir pra minha mãe colocar no correio pra vc ainda hoje. Q importa se vc não é boa de desenho? Vc sabe me colorir com as suas palavras. Isso qdo vc não tá *lemon*, não é? Haha.

Falando nisso, Juju, "brotinho" é uma palavra engraçada mesmo. Comentei com meu pai o q vc me contou, e ele disse q brotinho, na época do Paulo Mendes Campos, significava isso mesmo: jovem, como seu pai te explicou. Mas brotinho, em alguns lugares do Brasil, tb era – e ainda é – uma pizza pequena! Maneiro, não é, Juju?

Então o Fenômeno pendurou as chuteiras? Outro dia, vi na internet q ele tava de férias em Ibiza. Tinha uma foto dele na praia, só de sunga e o maior barrigão. Debaixo da foto, tinha esta legenda: "Eu sempre quis ter o corpo de um atleta. Graças ao Ronaldo, isso já é possível!". Dá pra acreditar, Juju? A galera zoa com todo mundo na internet...

E os quatro pênaltis da seleção perdidos na Copa América pegaram mal. Mto mal. Eu não curto muito beisebol, não, Juju. Mas gosto cada dia mais de basquete. Cada jogão q passa na tv, vc não tem ideia... Agora eu entendo pq o Nando é fã dos jogos da NBA!

Como andam as reformas aí, pra Copa do Mundo e pras Olimpíadas? Será q vai dar tempo? Não sei, não... Parece q a abertura da Copa vai ser no estádio do Timão, mas nem começaram a construir ainda!

A coisa tá devagar demais, não é? E não é uma demora boa, como o lance de contemplar o mundo, sem pressa, Juju. Aqui, nos Estados Unidos, a situação não anda fácil. A economia só piora. Meu pai tá muito preocupado. Outro dia, ele comentou com minha mãe:

– Se continuar assim, vai ter outra crise.

Tomara q as coisas melhorem, Juju. Igual seu relacionamento com a sua mãe! Fiquei muuuuuito contente q vc foi na casa dela. Ela continua ligadona em *Saintpaulia ionantha*, como minha mãe, não é? E o lápis q ela te deu? Vai pro teu testamentinho?

Juju, não deixe o nosso mundo descolorir...

E me mande notícias do pessoal daí!

Kiss, só pra variar.

Rafa

De: Juliana Monteiro <jujumont@yahoo.com.br>

Para: Rafael Trevilin <rafa.trevilin@hotmail.com>

Assunto: A vida, aqui e agora!

Enviada: Dia de santo nenhum, tarde da noite, sono...

Olá, Rafa!

Antes de te contar milhares de coisas que tô guardando desde o último e-mail, preciso te dizer q fui a um lançamento de livro. Acredita? Nunca tinha ido, achei o maior barato! E, no final, fui pra casa de carona, sabe com quem? Adivinha! Adivinha, Rafa!

Foi assim: a professora de português, q vc não conhece, falou q um escritor ia lançar o livro novo pertinho da casa dela, em uma livraria. Acontece q ela mora naquele prédio ao lado do "ex-seu", pertinho, então, moleza, né?

Perguntei o dia, a hora, falei com meu pai. Ele topou. Na hora. Na livraria, logo q viu o autor, cabeça baixa, autografando, ele levou o maior susto:

– Juju, Juju! Esse é o João, meu amigo! Q coincidência, filha!

Pra lá de coincidência, né, Rafa? Eu nem sabia q meu pai conhecia algum escritor!

– Seu amigo, pai? Tem certeza?

– Claro, filha! É o João Carrascoza, meu amigo dos tempos da escola! A gente até jogava basquete juntos!

– Será q ele vai se lembrar de vc, pai?

– Ah, isso eu não posso garantir, filha. Eu engordei, fiquei careca...

Entramos na fila, q não era pequena. Eu não aguentava mais de curiosidade, louca pra saber se aquele autor magrinho, de olhos azuis, ou verdes, de longe não dava pra ver direito, eu tava louca pra saber se ele iria se lembrar do amigo antigo, q tinha engordado e ficado careca.

Vi minha professora no princípio da fila, quase fui lá. Não fui. Tive medo do tal João Carrascoza enxergar e reconhecer meu pai, mesmo de longe, e eu não queria perder esse momento, de jeito nenhum! Já pensou? Ele sair lá da mesa dele, deixar todo mundo esperando e dar um abraço antigo em meu pai? Já pensou, Rafa? Até eu ia tirar uma casquinha!

Aconteceu nada disso. Ele ficou sempre do mesmo jeito, sentado, cabeça baixa, escrevendo. Acho q ele é meio tímido. Se não é, parece. Qdo se levantava e abraçava alguém, era sempre a pessoa q estava na frente, na hora dela. Pensando bem, tá certo, né? Eu tava querendo demais. Cada um na sua vez, fila é fila, tá certo.

Qdo chegou nossa hora, meu pai com o livro ainda na mão, ele ficou olhando pra gente. Demorado, sabe? Contemplando, igual te falei naquele e-mail. Depois de contemplar bem contempladinho, ora meu pai, ora eu, ele disse:

– Essa é uma das grandes surpresas da noite! Como é q vc foi sumir assim, desse jeito, cara? Até parece q o mundo é grande!

Ele abraçou meu pai, e me abraçou junto, legal/maneiro pra caramba! Nem precisei tirar casquinha nenhuma. Fiquei na maior importância, abraçada – e beijada, pq ele me deu um beijo! – por um escritor! O escritor da noite!

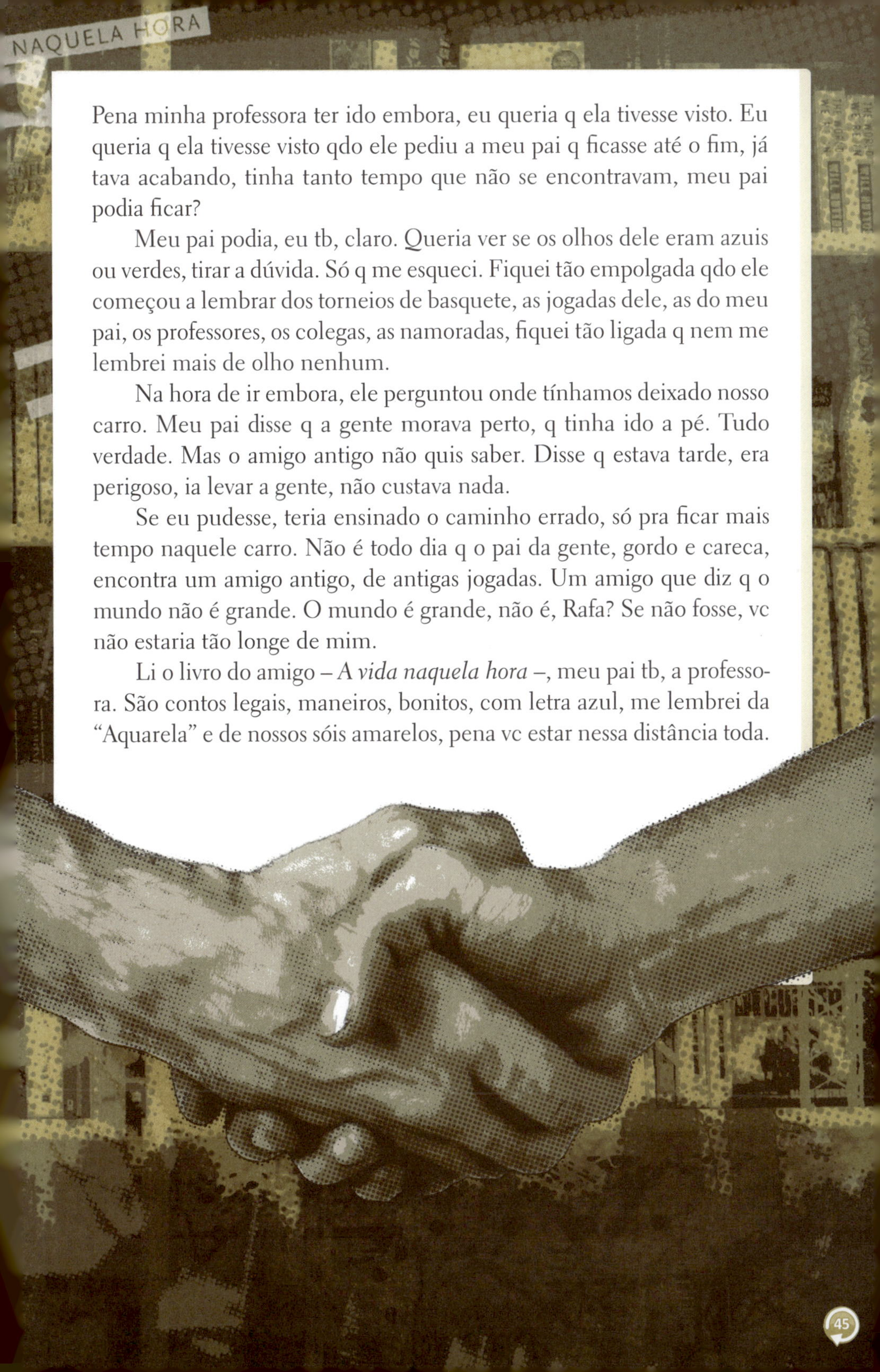

Pena minha professora ter ido embora, eu queria q ela tivesse visto. Eu queria q ela tivesse visto qdo ele pediu a meu pai q ficasse até o fim, já tava acabando, tinha tanto tempo que não se encontravam, meu pai podia ficar?

Meu pai podia, eu tb, claro. Queria ver se os olhos dele eram azuis ou verdes, tirar a dúvida. Só q me esqueci. Fiquei tão empolgada qdo ele começou a lembrar dos torneios de basquete, as jogadas dele, as do meu pai, os professores, os colegas, as namoradas, fiquei tão ligada q nem me lembrei mais de olho nenhum.

Na hora de ir embora, ele perguntou onde tínhamos deixado nosso carro. Meu pai disse q a gente morava perto, q tinha ido a pé. Tudo verdade. Mas o amigo antigo não quis saber. Disse q estava tarde, era perigoso, ia levar a gente, não custava nada.

Se eu pudesse, teria ensinado o caminho errado, só pra ficar mais tempo naquele carro. Não é todo dia q o pai da gente, gordo e careca, encontra um amigo antigo, de antigas jogadas. Um amigo que diz q o mundo não é grande. O mundo é grande, não é, Rafa? Se não fosse, vc não estaria tão longe de mim.

Li o livro do amigo – *A vida naquela hora* –, meu pai tb, a professora. São contos legais, maneiros, bonitos, com letra azul, me lembrei da "Aquarela" e de nossos sóis amarelos, pena vc estar nessa distância toda.

Ah, acabo de ter uma boa ideia! Depois q sua mãe mandar meus lápis, te mando esse livro de presente, tá bom? Vc jura que lê?

O conto preferido do meu pai é um chamado "Tango", nome de um cavalo bonito, negro, luzidio. Lá tá escrito assim, luzidio, inventei não 😋.

O meu preferido fala de um cara q aprendeu a ler com a irmã mais velha, depois cada um foi pra um lado (o mundo é grande, sim, Rafa). Agora, ele tá indo visitar a irmã, "uma pessoa que conhece o livro da gente sem precisar abrir", ele diz. Fiquei um tempão pensando nisso, achei lindo. Será q a gente é assim, Rafa? Bem q eu queria.

Bem q eu queria também não sentir ciúme nenhum da Collie, mas não tá fácil, pq ela tá aí, sem Venezuela nenhuma separando, e eu aqui, sem nunca nem ter entrado em avião... Mas, como vc disse q ela não tem "os olhos dos meus olhos", melhor acreditar, deixar de besteira e sentir só um pouquinho de ciúme, q não sou de ferro.

Vc perguntou pelas obras da Copa. Tudo meio parado, e brigas todo dia, entre a turma que manda e desmanda. Antes, diziam q a estreia seria no estádio do time q vc chama de timão. Agora, andam dizendo q vai ser no Maracanã, q o Rio é q é a cara do futebol do Brasil. Vai entender!

Sabe de uma coisa? Fui no Google pesquisar o q era *Saintpaulia ionantha*, e descobri, mas não vou te contar, só pra ver se vc acredita em mim, se minha palavra basta.

Outra coisa: vc me pediu notícias da turma, mas quem me mandou ir ao lançamento do livro do amigo do meu pai? Fiquei tão ligada, escrevi tanto, q nesse e-mail, verdadeiro testamento, não cabe mais nada. Tô até parecendo escritora, colega do João Anzanello Carrascoza! O nome completo dele é esse, acredita? Solene, né? Um cara tão magrinho, meio tímido, olho q nem sei se é verde ou azul, e um nome desse tamanho.

Fico te devendo as notícias todas, de todo mundo.

O bj, fico não.

Juju.

 **De:** Rafael Trevilin rafa.trevilin@hotmail.com

 **Para:** Juliana Monteiro jujumont@yahoo.com.br

 **Assunto:** Re: A vida, aqui e agora!

 **Enviada:** Domingo, sol, calor, bicicleta. Cadê vc?

Juju, Juju, vc me surpreende a cada dia!

Eu aqui pedindo notícias da nossa turma e vc vem me contar da turma do seu pai, do amigo dele lá, escritor, dos colegas, das professoras, das namoradas dos dois, qdo eram jovens...

Haha.

Por isso vc é a rainha das levantadoras! Qdo a gente pensa q vai fazer uma jogada pra esquerda, vc vai é pelo meio da rede!

Mas não pense q eu não gostei, não, de tudo q vc me contou. Adorei saber q vc foi ao lançamento de um livro. Já gostei do nome: *A vida naquela hora*. Me mande mesmo um exemplar de presente. O Natal tá chegando e eu tô curioso pra conhecer essas histórias.

Depois de ler a sua mensagem, fiquei pensando se, daqui alguns anos, a gente vai encontrar os nossos amigos pelo mundo afora, assim, de repente... Como seu pai e esse escritor!

Já pensou? Será q vc vai continuar baixinha, leonina, *lemon*? E eu? Como eu serei qdo tiver vinte, trinta, quarenta anos? Acho q também vou ficar careca, se puxar pro meu pai... Ele já tem aquelas "entradas" na testa, mas continua magrinho, igual o João Carrascoza.

Aliás, veja as coincidências, Juju! Meu pai disse q já leu livros desse João, foi até procurar um pra mim na estante, mas não achou. Como vc sabe, metade dos livros do meu pai ficou aí, em São Paulo, na casa da minha avó.

Mas, em compensação, achou um livro mto maneiro, escrito por uma amiga dele e um outro cara! Eu nem sabia q uma história podia ser escrita por duas pessoas... A gente devia escrever uma juntos, não é?

Bem, daí meu pai me entregou o livro e disse:

– Vc vai gostar! Tem tudo a ver com vc e com a Juju!

Fiquei sem graça, sem entender direito esse comentário. Meu pai é tão esperto q, às vezes, se faz de bobo...

Comecei a ler o livro na hora. E olha só, outra coincidência, Juju! A história é bem parecida com a nossa: é uma troca de cartas entre uma menina, Ana, e um garoto, Pedro. Ela mora em São Paulo e ele em Belo Horizonte.

A diferença é q a gente troca e-mails e eu moro em Athens! Bem, tem outras diferenças, mas não vou te contar, não! Acho q vc tb deveria ler esse livro. Qdo terminar, eu posso te enviar pelo correio! Daí a gente conversa sobre ele, como fizemos com o livro do Moacyr Scliar, os poemas do Fernando Pessoa... Q tal?

Minha mãe já enviou os lápis pra vc, Juju. Ela tá feliz pq as flores no jardim de casa tão brotando! Mas ela andou meio doente. Falta de ar, tosse, dor no peito. Meu pai teve até q levá-la ao hospital. Agora, ela já tá se recuperando. Qdo ainda tava mal, me disse uma coisa estranha:

– Por enquanto, vou levando! Mas uma hora não vai dar mais...

Não entendi. Mas achei q essas palavras eram "precursoras" de algo mto triste. Então, lembrei do verbo *to understand* e aí, de repente, dei um abraço nela! Um abraço inesperado pra ela, e pra mim tb! Vc sabe, Juju, minha mãe conhece o meu livro sem precisar abrir...

Ontem à noite, fui na casa do John assistir na TV o Lakers contra o Chicago Bulls. Jogaço. Acabei indo dormir tarde e sonhei com aquele nosso abraço de despedida, Juju. Senti vc tão perto de mim... Senti até o cheiro do seu xampu... Acordei assoviando. Tá ouvindo?

Aqui, nos *States*, a crise continua... Os americanos se esqueceram dela uns minutinhos com a notícia do assassinato do Bin Laden. Mas a economia do país continua ruim, tem muito desemprego. Como eu te disse no outro e-mail, meu pai tá muito preocupado.

– Não sei, não – comentou ele, outro dia, no almoço. – Desse jeito, vai ser difícil ficar um ano aqui...

Mas as notícias do Brasil são boas, não é, Juju? Eu li no UOL q o R.E.M. fez um supershow aí, em São Paulo! E agora tem ciclovia na cidade, aos domingos... É verdade? Vc tem andado de bike com seu pai? Também li q o povo não tá sentindo mto a falta do Fenômeno: agora pintou um novo craque, um tal de Neymar...

A vida é mesmo aqui e agora, Juju! O mundo é grande e pequeno, depende só do tamanho do nosso coração. Ainda tem um lugarzinho pra mim aí no seu?

Love.

Rafa

De: Rafael Trevilin <rafa.trevilin@hotmail.com>

Para: Juliana Monteiro <jujumont@yahoo.com.br>

Assunto: Re: A vida, aqui e agora!

Enviada: Domingo, o tempo não passa, cadê vc, Juju?

Ah, Juju!

Não se esqueça de mandar notícias do pessoal: do professor Garcia, da sua mãe, do Nando (q não responde meus e-mails, será q ele e sua amiga Duda tão namorando?).

Kiss.

Rafa

De: Juliana Monteiro <jujumont@yahoo.com.br>

Para: Rafael Trevilin <rafa.trevilin@hotmail.com>

Assunto: Bem no meio da rede!

Enviada: Quarta, antes do treino

Oi, Rafa!

Sumi de novo, desapareci, parece até q morri, mas dessa vez não vou te chamar de "Love", não.

Vou te dizer q vc me saca bem pra caramba! Adoro, sim, ser levantadora, só q do meu jeito! E meu jeito é ajeitar a bola do jeito q ninguém espera. Mandar pra onde ninguém imagina. Pra frente, pra trás, pro lado. Um lado q nem eu – nem eu! – sei, acredita? Lado nenhum, como vc disse. Bem no meio da rede!

Antes q me esqueça, pq hoje quero mudar de assunto, preciso te dizer pra ficar de olho no correio. O livro do João Carrascoza já deve estar terminando a travessia da Venezuela! Mais perto de vc, ou de mim? Sei lá! Leia logo, é bom de ler, letra azul, bonita – te falei, não falei? –, leia logo, quero saber se tenho razão, se o cara escreve bem mesmo, se valeu a pena, ah, fale o q vc quiser, Rafa.

Estive pensando: se fôssemos escritores, bem q esses nossos e-mails podiam virar livro, como aconteceu com aqueles dois, do livro q seu pai te mostrou. Mas a gente não é, né Rafa? A gente não passa de dois andadores de bicicleta separados por águas e terras e céus, um com saudade do outro. Já pensou? Se a gente escrevesse algum livro, só ia saber falar de saudade. Meio sem graça, não? Meio antigo.

Quero ser antiga não, de jeito nenhum. Quero ser moderna, ligada, saber – sempre! – onde está o meio da rede, não errar nem uma bola!

Sabe, Rafa, sua mãe acertou um bolaço me mandando os lápis, adorei! Tem lápis com a cara do Mickey, da Minnie, lápis da Casa Branca, do Lakers, da Broadway... Até da Madonna!

Depois de um bom tempo olhando cada um, guardei todos na estante da sala. Aquela cheia de badulacões e badulaquinhos, como diz meu pai. Minha mãe gostava de guardar coisas lá. Coisinhas pequenas, trazidas daqui, dali, das viagens q a gente fazia, aqui pelo Brasil mesmo. E, qdo ela foi embora, não levou nada. Nada, acredita? No princípio, eu nem gostava de passar perto da estante, de tanta saudade e tanta raiva.

Depois, ah, depois a raiva foi diminuindo, a saudade q, de tão grande, até doía, foi sumindo, e eu voltei a guardar meus badulaquinhos lá. (Os badulacões são os da minha mãe, segundo meu pai.)

Falando em minha mãe, tô me lembrando da sua. De vc triste, dando um abraço nela. Abraço inesperado. Dê outros, Rafa. Dê muitos, inesperados e esperados. *Do you understand?* Se ela conhece seu livro sem abrir, comece a conhecer o dela. Misture sua história com a dela, Rafa. Os abraços vão ajudar, vc vai ver.

Outro dia, minha mãe abraçou meu pai. Eles pensaram q eu não tava vendo. Abraço calmo, de amigos. De irmãos. Eu nunca tinha visto eles se abraçarem assim, nunca. Não sei o q eles sentiram, mas eu achei mto legal. Parecia q o abraço era endereçado a mim, igual e-mail.

Quero q todos os meus e-mails sejam endereçados a vc, Rafa. Sempre.

Ah, sabe q gosto desse nome, Lakers? Bom de ler, de ouvir, de falar. E se eu te disser q também vi, na tv, o jogo deles contra o Chicago Bulls, vc acredita? Pois eu vi, juro! Tive até de enganar meu pai... Qdo falei no jogo, ele não quis nem saber! Disse q a gente tinha de acordar cedo, nem pensar! Bola fora, pensei. Fui pra cama, fazer o q? Só q não conseguia dormir. Pensava na tv, tão perto, ali na sala, e em vc, tão longe, sei lá onde. Dormir? De que jeito? Voltei pra sala, liguei a tv – sem som –, e vi tudo! TUDO, Rafa! Jogaço, jogaço, vc tem razão. Qdo voltei pra cama, tava tão emocionada q parecia ter visto um jogo de vôlei! Com bolas levantadas bem no meio da rede!!! Ah, se eu soubesse q vc ia sonhar comigo, teria ficado mais emocionada ainda! O sonho foi legal? Conta, vai!

Pois é, mataram o Bin Laden, o Khadafi... E as eleições aí tão chegando, não é? Sabe o q acabo de pensar? Q a gente se escreve há muito, muito tempo. Qdo você foi embora, o Obama tinha acabado de ser eleito, lembra? Tempo demais, Rafa. Qualquer hora, esses e-mails viram livro, como vc disse. Ah, se fôssemos escritores... Se não passássemos de andadores de bicicleta...

Sim, o R.E.M. esteve aqui, e me lembrei de vc e de seu pai. Sim, agora tem ciclovia aos domingos, sim, tenho andado com meu pai, e adivinha de quem me lembro? Sim, o Fenômeno já era, agora é a era Neymar. Ah, os estádios da Copa tão atrasados, um prédio desabou no Rio de Janeiro e derrubou mais dois, um navio naufragou na Itália, muita notícia ruim, melhor esquecer.

O professor Garcia – vc tá sentado? Se não tiver, procure uma cadeira, ou sofá –, ele ganhou na Mega e sumiu no mundo! Ganhou sozinho, maior bolada. Sumiu! O substituto dele, Maurício, tb é legal. Menos q ele e, certamente, menos sortudo, mas ele se esforça pra dar uma aula maneira.

Meu primo não te responde de pura preguiça, pq tempo ele tem de sobra. Tá namorando nada, ele deve ter preguiça até disso.

Rafa, sempre demoro pra te responder, e dessa vez não foi diferente. Deve ser saudade. Muito ruim te escrever e te saber tão longe, esse bendito mundo sem fim separando a gente.

Se tem lugar pra vc no meu coração?

Love.

Juju

De: Rafael Trevilin <rafa.trevilin@hotmail.com>

Para: Juliana Monteiro <jujumont@yahoo.com.br>

Assunto: Re: Bem no meio da rede!

Enviada: Sábado, depois de conversar com meu pai

Oi, Juju!

Desta vez, vc demorou mesmo pra me responder! Olha, eu já ia enviar outro e-mail, perguntando se tinha acontecido alguma coisa, mas aí a sua mensagem chegou! Q alívio! É bom saber q tá tudo bem, q essa sua demora é só a saudade, não é?

Eu sinto demais a sua falta e acho q é por isso q eu escrevo logo qdo recebo um e-mail seu: pra te sentir perto. Assim, como um abraço... Dizem q escrever é um jeito de ser feliz. Pra mim, é um jeito de ficar menos triste.

Athens é mesmo uma cidade e tanto, Juju. Outro dia fui passear com minha mãe na Broad Street, bem no centrão, em Downtown. É um lugar lindo, vou anexar aqui uma foto q tirei de lá, aquelas árvores são bonitas até no inverno. Tb fui com a turma da escola no State Botanical Garden of Georgia. Não preciso traduzir, né?

Então, no Jardim Botânico, fizemos caminhada, pegamos umas trilhas, foi um passeio muito maneiro. Meu inglês tb tá bem melhor, eu "understando" tudo, haha, tudinho, Juju. E teve um outro *tour* sensacional: uma excursão da escola até a sede da Coca-Cola, em Atlanta! Vc não ia acreditar, Juju. Lá tem museu, loja, cinema 3D, lanchonete e um bar com mais de cem tipos de refris que a Coca fabrica pelo mundo afora e q a gente podia beber de graça! A Collie se entupiu de Fanta (uva, laranja, limão, kiwi) e acabou passando mal. O John comprou uma agenda da grife Coke. Eu e o Antonio curtimos uns filminhos de propaganda da Coca bem engraçados q projetaram lá! Achei tudo *very nice!* Vai pro meu testamento, *of course*!

Mas, no fundo, eu sei q esse não é o meu mundo, Juju. O Corinthians foi campeão esse ano e a gente mal comemorou, como a turma fez por aí, na Paulista! Outro dia, eu achei na biblioteca do meu pai o *Livro do desassossego*, do Fernando Pessoa. Fiquei folheando, lendo uns textos aqui e ali, e encontrei essa frase: "Minha pátria é a língua portuguesa". É isso o q eu sinto. Os poetas dizem justamente aquilo q as pessoas gostariam de dizer mas não conseguem. Se nós dois fôssemos escritores, como vc falou, Juju, eu gostaria de ser um poeta. Pra dizer o q o silêncio de minha mãe diz. Pra dizer o q o abraço dela me conta. Pra dizer o q eu e vc não sabemos ainda dizer um pro outro.

E pra dizer o q o seu primo talvez queira dizer pra sua amiga Duda! Ah, ele voltou a me escrever! E tb ficou até de madruga vendo o jogo dos Lakers com o Bulls! Jogo, não. Jogaço mesmo. Jogaço q até vc viu, não é, Juju?

Aliás, falando em livro, o do João Carrascoza, q vc me enviou, já chegou. Acho q não demorou de tanto q eu tava a fim de ler. Ou foi o mundo q encolheu? Já pensou se o mundo se encolhesse mesmo, Juju? Bastaria vc dar um passo, eu outro, e aí a gente estaria juntinho de novo, não é?

A vida naquela hora. Vou começar a ler hoje mesmo. Só q, em vez de começar pelo primeiro conto, a história lá do cavalo Tango, q o seu pai gostou, vou começar pelo último, "Primeiras letras", q vc curtiu. Aí, depois, eu te digo o que achei.

Minha mãe já colocou no correio o *Ana e Pedro*, aquele livro que eu prometi te emprestar. Ela ficou contente q vc gostou dos lápis. Disse q vai arranjar uns outros aqui em Athens e te enviar logo mais. E a sua mãe, Juju? Pelo jeito as coisas tão melhores entre vcs duas, certo? E entre ela e seu pai tb! (Ainda bem q ele parou com aquela história de te ensinar latim.) Tá vendo, eu não disse? Paciência, Juju. Humildade. Aliás, vc percebeu o qto é igual à sua mãe em certas coisas? Na mania de guardar badulaques, por exemplo! Isso vem de onde? Dos genótipos dela, não é? Vc lembra das aulas de biologia?

Eu tô sempre lembrando das nossas aulas – e dos nossos professores. Uma hora eu te conto como são os *teachers* daqui, o mais bacana deles é o Mr. William. Mas e essa história do professor Garcia, é verdade mesmo? Ele ganhou na Mega e sumiu com a bolada? Vc, q é boa em matemática, Juju, devia fazer uns cálculos e apostar na Mega tb. Já pensou se vc ganha? Daí era só comprar uma passagem e vir pra cá! Assim, vc podia participar comigo da corrida de bicicletas, a Bike Athens tá organizando uma pra primavera.

Mas, enquanto isso não acontece, tem um lance – notícia boa, viu, *lemon*? – q vai diminuir a nossa distância. Um não. Dois. O primeiro lance é um tal de Skype. Esse negócio é igual telefone, é um programa q a gente bota no computador e aí a gente pode conversar de graça pela

internet. A gente pode se ver enquanto tá papeando. Pede pro seu pai instalar esse programa e vê se o computador dele tem câmera, Juju! Meu pai às vezes fala por Skype com o pessoal da USP, aí em São Paulo, e eu nem tinha me tocado q podia falar com vc assim, sem pagar um tostão – e a toda hora! A toda hora, já pensou? Quer dizer, tem a diferença dos fusos… Alguém vai ter de acordar mais cedo ou dormir mais tarde…

O outro lance? Te digo daqui a pouco, tá? Vou com minha mãe até o Wal-Mart e já-já eu volto.

Love, love, love.

Rafa

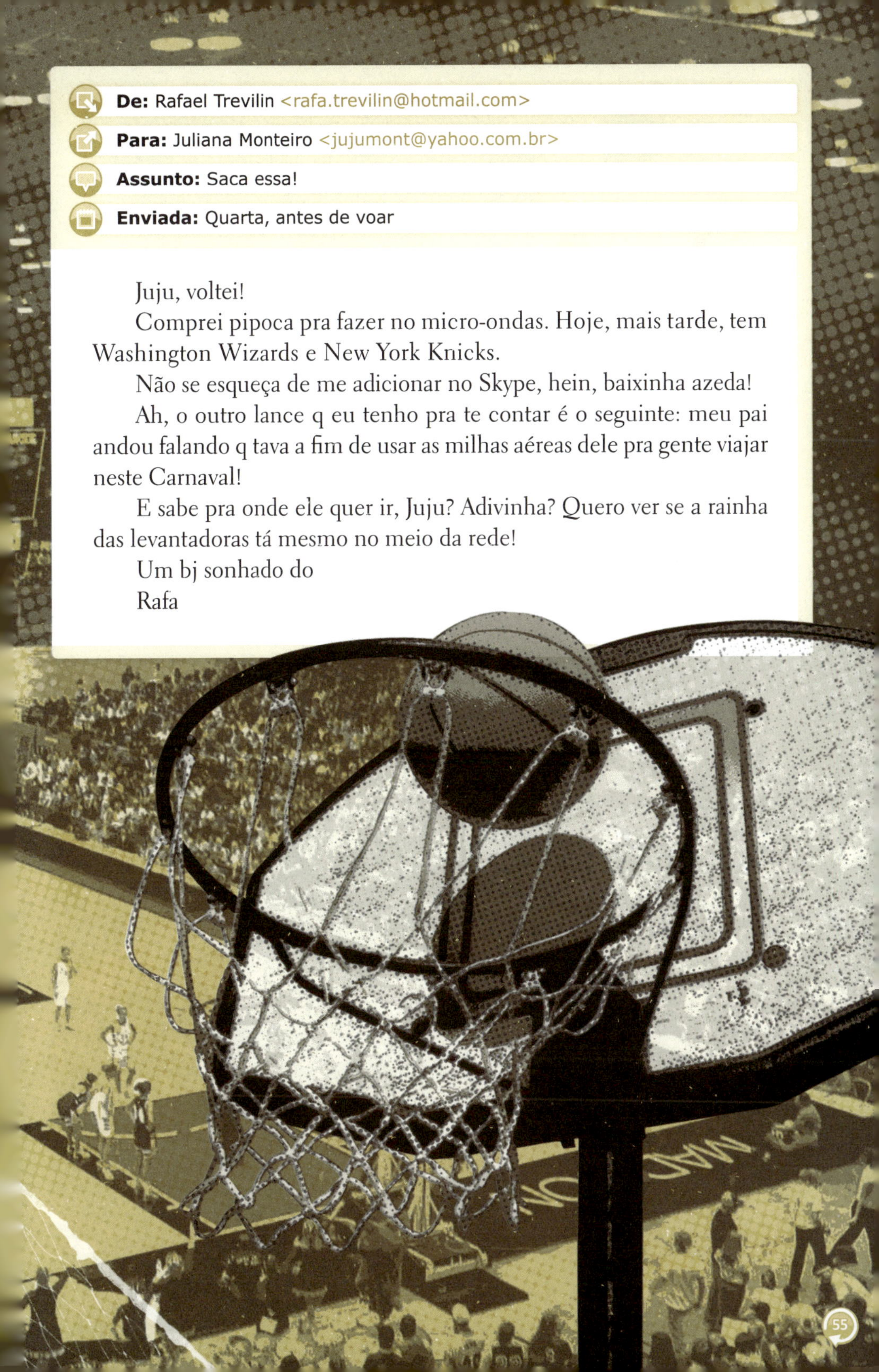

De: Rafael Trevilin <rafa.trevilin@hotmail.com>

Para: Juliana Monteiro <jujumont@yahoo.com.br>

Assunto: Saca essa!

Enviada: Quarta, antes de voar

Juju, voltei!

Comprei pipoca pra fazer no micro-ondas. Hoje, mais tarde, tem Washington Wizards e New York Knicks.

Não se esqueça de me adicionar no Skype, hein, baixinha azeda!

Ah, o outro lance q eu tenho pra te contar é o seguinte: meu pai andou falando q tava a fim de usar as milhas aéreas dele pra gente viajar neste Carnaval!

E sabe pra onde ele quer ir, Juju? Adivinha? Quero ver se a rainha das levantadoras tá mesmo no meio da rede!

Um bj sonhado do

Rafa

De: Juliana Monteiro <jujumont@yahoo.com.br>

Para: Rafael Trevilin <rafa.trevilin@hotmail.com>

Assunto: Saquei!!!

Enviada: Quinta, o dia inteiro sonhando

Ah, Rafa, Rafa, Rafa...

Veja como a Juju pesquisou e conheceu os lugares sobre os quais o Rafa contou nos e-mails! Foi como se ela estivesse lá...

Universidade da Georgia:
http://goo.gl/maps/Sf26a

Bourbon Street, Nova Orleans, LA:
http://goo.gl/maps/YVsHR

Sanford Stadium, Athens, GA:
http://goo.gl/maps/de4Ji

Wal-Mart, Athens, GA:
http://goo.gl/maps/Qf2EC

Broad Street, Athens, GA:
http://goo.gl/maps/iD1Kw

O Rafa também deu uma mãozinha pra Juju e compartilhou com ela alguns links sobre uns assuntos que conversaram:

World of Coca-Cola, Atlanta, GA:
http://www.worldofcoca-cola.com/

Philips Arena, Atlanta, GA:
http://www.philipsarena.com/

Hartsfield-Jackson Airport, Atlanta, GA:
http://www.atlanta-airport.com/

R.E.M., "Everybody Hurts":
http://youtu.be/ijZRCIrTgQc

Toquinho e Vinícius, "Aquarela":
http://youtu.be/rtd-DFn1fzk

EDIÇÃO GERAL
Sonia Junqueira (T&S – Texto e Sistema Ltda.)

REVISÃO
Eduardo Soares
Aline Sobreira

CAPA, PROJETO GRÁFICO E DIAGRAMAÇÃO
Christiane Costa

Dados Internacionais de Catalogação na Publicação (CIP)
(Câmara Brasileira do Livro, SP, Brasil)

Anzanello Carrascoza, João
nós 4 / João Anzanello Carrascoza, Vivina de Assis Viana ; ilustrações Christiane Costa. -- Belo Horizonte : Autêntica Editora, 2014.

ISBN 978-85-8217-337-4

1. Ficção - Literatura infantojuvenil I. Viana, Vivina de Assis. II. Costa, Christiane.

14-01002 CDD-028.5

Índices para catálogo sistemático:
1. Ficção : Literatura infantil 028.5
2. Ficção : Literatura infantojuvenil 028.5

AUTÊNTICA EDITORA LTDA.

Belo Horizonte
Rua Aimorés, 981, 8º andar . Funcionários
30140–071 . Belo Horizonte . MG
Tel.: (55 31) 3214 5700

Televendas: 0800 283 13 22
www.autenticaeditora.com.br

São Paulo
Av. Paulista, 2.073, Conjunto Nacional,
Horsa I, 23º andar, Conj. 2301
Cerqueira César . São Paulo . SP
01311–940
Tel.: (55 11) 3034 4468

João Anzanello Carrascoza
Vivina de Assis Viana

nós 4

ILUSTRAÇÕES
Christiane Costa

autêntica

João

Para meu filho, exercício diário de saudade.

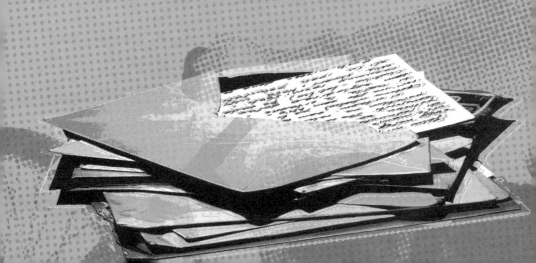

Vivina

Para minha mãe, que me escreveu tantas cartas.

De: João Anzanello Carrascoza <jcarrascoza@ig.com.br>
Para: Vivina Viana <vav@vav.com>
Assunto: Um início
Enviada: Quinta-feira, 5 de fevereiro de 2009, 17:13

Vivina, querida, tudo bem?

Espero que sim!

Lembra que combinamos, anos atrás, de escrever uma história juntos?

Foi em Curitiba, 1994.

Tínhamos ido passear na Rua 24 horas.

Nesse tempo todo, nos encontramos muitas vezes e não falamos mais sobre o projeto, nem quando a gente começaria.

Quem sabe tenha chegado a nossa hora...

Segue o primeiro capítulo.

É o e-mail de um garoto que muda com os pais para os Estados Unidos. Um e-mail de saudades.

Não sei se está bom. É apenas um começo.

Se quiser, continue-o.

Se não, fique à vontade para esquecer.

Ou propor outra história.

Ou sugerir o silêncio.

Ou deixar para outro momento em que nos cruzemos.

Acho que não preciso explicar mais nada.

Você vai compreender tudo.

A vida é o maior entendimento.

Um beijo de seu amigo João.

De: Vivina Viana <vav@vav.com>
Para: João Anzanello Carrascoza <jcarrascoza@ig.com.br>
Assunto: Re: Um início
Enviada: Sexta-feira, 6 de fevereiro de 2009, 18:57

Vivina, querida, tudo bem?

João, querido, tudo bem.

Espero que sim!

Pode esperar!

Lembra que combinamos, anos atrás, de escrever uma história juntos?

Claro que me lembro, João! Tínhamos sido convidados pra integrar o júri de um concurso de contos de Literatura Juvenil.

Foi em Curitiba, 1994.

Isso!

Tínhamos ido passear na Rua 24 horas.

Rua bonita!

Nesse tempo todo, nos encontramos muitas vezes e não falamos mais sobre o projeto, nem quando a gente começaria.

Seremos dois desligados?

Quem sabe tenha chegado a nossa hora...

Quem sabe.

Segue o primeiro capítulo.

Maior surpresa.

É o e-mail de um garoto que muda com os pais para os Estados Unidos. Um e-mail de saudades.

E-mail bonito, João.

Não sei se está bom. É apenas um começo.

Eu sei, tá ótimo. Muito mais que um começo.

Se quiser, continue-o.

Se?

Se não, fique à vontade para esquecer.

Esquecer?

Ou propor outra história.

Você me propôs várias.

Ou sugerir o silêncio.

Silêncio?

Ou deixar para outro momento em que nos cruzemos.

Não deixemos.

Acho que não preciso explicar mais nada.

Não mesmo.

Você vai compreender tudo.

Obrigada, meu amigo.

A vida é o maior entendimento.

É.

Um beijo de seu amigo, João
Um beijo de sua amiga, Vivina.

P.S.: João, você sempre me emociona.
Desta vez, claro, não foi diferente.
Só que, além da emoção, a surpresa.
Não esperava, não imaginava que ainda se lembrasse desse nosso projeto.
Beijos
Vivina.

De: João Anzanello Carrascoza <jcarrascoza@ig.com.br>
Para: Vivina Viana <vav@vav.com>
Assunto: Re: Re: Um início
Enviada: Sexta-feira, 20 de fevereiro de 2009, 19:11

Vivina, eu sou muito grato à vida por ter me chamado para, enfim, escrever este texto com você.

Só quando está madura a semente explode.

Eu sei, lá dentro de mim, que vai ser uma experiência emocionante.

Estou feliz por entrar nesse caminho, sem me preocupar com a chegada.

Porque o caminho é o que importa. Unicamente.

E, fazendo o caminho com você, tenho certeza que será inesquecível.

Vamos em paz, dando passos discretos, sorvendo a brisa da comunhão.

Beijo do João (e do Rafa).

Gostar é para sempre. É uma coisa que nunca acaba.

De: Vivina Viana <vav@vav.com>

Para: João Anzanello Carrascoza <jcarrascoza@ig.com.br>

Assunto: Logo te escrevo

Enviada em: segunda-feira, 16 de março de 2009, 20:38

João querido,

Estive viajando, mas tô de volta e te escrevo, e ao Rafa. Sei que você tem paciência, mas temo pelo Rafa...

Beijos, beijos

Vivina/Juju.

De: João Anzanello Carrascoza <jcarrascoza@ig.com.br>

Para: Vivina Viana <vav@vav.com>

Assunto: Re: Logo te escrevo

Enviada: Terça-feira, 17 de março de 2009, 18:12

Vivina, tudo bem, querida?

Não se preocupe, não.

Primeiro os vínculos afetivos da realidade, depois os da ficção.

Rafa pode esperar pela Juju o tempo que precisar.

Até porque esse será o livro mais lindo que escreveremos.

Ontem perdi uma tia muito querida, que me incentivou a escrever e me deu os primeiros livros que li.

Tive que silenciar.

Mas também estou de volta à literatura.

Então, vá fazendo no seu ritmo.

Não se inquiete, nem se pressione.

Esperar é uma aprendizagem.

Gosto de aprender.

Beijos

De: Vivina Viana <vav@vav.com>

Para: João Anzanello Carrascoza <jcarrascoza@ig.com.br>

Assunto: Agora vai!

Enviada: Segunda-feira, 23 de março de 2009, 00:46

Oi, João,

finalmente, o "início" teve sequência...

Vai ser muito bom trabalhar com você. Tá sendo.

"Rafa pode esperar a Juju o tempo que precisar"? Isso é ótimo pra mim, mas – talvez – perigoso pra você. Talvez você não saiba o risco que corre ao afirmar uma coisa dessas a uma geminiana. Ela pode não escrever nunca mais.

Sinto pela sua tia, que não te lê mais. Ou lê.

Esperar é uma aprendizagem, sim, como não? Mas espero não ser uma professora que te dê infindáveis lições.

Beijo da

Vivina.

De: João Anzanello Carrascoza <jcarrascoza@ig.com.br>

Para: Vivina Viana <vav@vav.com>

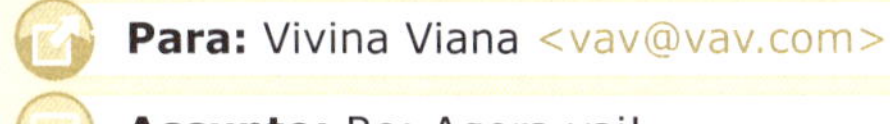
Assunto: Re: Agora vai!

Enviada: Segunda-feira, 23 de março de 2009, 15:34

Vivina, adorei o seu e-mail e o da Juju.

Rafa terá de se superar para escrever uma mensagem tão bonita quanto.

Mas, como eu pressentia, será (está sendo) uma alegria gerar essa obra com você.

E eu sigo sem a minha tia aqui, mas com minha tia lá no mais fundo e bonito de mim.

Bem, geminiana, agora você tem um compromisso com o Rafa, e não pode nem pensar em não escrever nunca mais.

Pode demorar.

Mas não me esqueça.

Eu sou taurino, hein!

Beijo grande, partindo de Athens, Georgia.

De: Vivina Viana <vav@vav.com>
Para: João Anzanello Carrascoza <jcarrascoza@ig.com.br>
Assunto: Georgia
Enviada: Sexta-feira, 27 de março de 2009, 08:15

João, querido,
ah, então o Rafa está em Athens, Georgia!
Bela informação, chegada devagarinho, última frase, última linha.
Sinto que a Juju haverá de escrever muitas últimas frases/linhas pro Rafa.
Se possível, com igual ternura, mesma sutileza.
Beijo terno
Vivina.

De: João Anzanello Carrascoza <jcarrascoza@ig.com.br>
Para: Vivina Viana <vav@vav.com>
Assunto: Re: Georgia
Enviada: Quarta-feira, 1 de abril de 2009, 10:32

Vivina, como me sinto feliz em fazer este texto com você!
Um encontro devagarinho de almas amigas, queridas.
Rafa pede para avisar que vai demorar um pouquinho para escrever.
Mas só um pouquinho.
João não está virando mineiro, não.
É a vida que trouxe uns imprevistos.
Mas já estou na Georgia novamente, ouvindo um jazz, depois de ir a um congresso em New Orleans.
Beijos

De: Vivina Viana <vav@vav.com>

Para: João Anzanello Carrascoza <jcarrascoza@ig.com.br>

Assunto: Alameda Lorena

Enviada: Quinta-feira, 2 de abril de 2009, 08:20

João,

também estou feliz. Encontro devagarinho, almas amigas, queridas, que mais posso querer?

Que o Rafa demore o tanto que quiser e precisar.

Sei que os pensamentos dele vão andar pelos lados da Al. Lorena, nos próximos dias, onde um tal de João Anzanello Carrascoza lançará um livro.

Pena que ele esteja na Georgia, senão certamente encontraria a Juju na livraria, dia 7.

Ainda bem que ele pode contar com os sons melancólicos do jazz.

Beijo grande

Vivina.

De: João Anzanello Carrascoza <jcarrascoza@ig.com.br>

Para: Vivina Viana <vav@vav.com>

Assunto: Re: Alameda Lorena

Enviada: Segunda-feira, 6 de abril de 2009, 11:33

Vivina, obrigadíssimo pelas palavras, pela compreensão.

Sim, Rafa já está sintonizado na livraria da Al. Lorena.

Ao som de um blues, ele vai logo mais dar notícias pra Juju.

Beijo grande de seu amigo

De: João Anzanello Carrascoza <jcarrascoza@ig.com.br>

Para: Vivina Viana <vav@vav.com>

Assunto: Juju e Rafa

Enviada: Quinta-feira, 9 de abril de 2009, 12:35

Vivina, tudo bem?

Muito obrigado pela sua presença lá no lançamento de *Tramas publicitárias*.

Você é uma pessoa tão doce!

E aí vai a resposta do Rafa.

Espero que esteja à altura da mensagem da Juju.

Estou aprendendo.

Uma felicidade essa troca com você.

Beijos

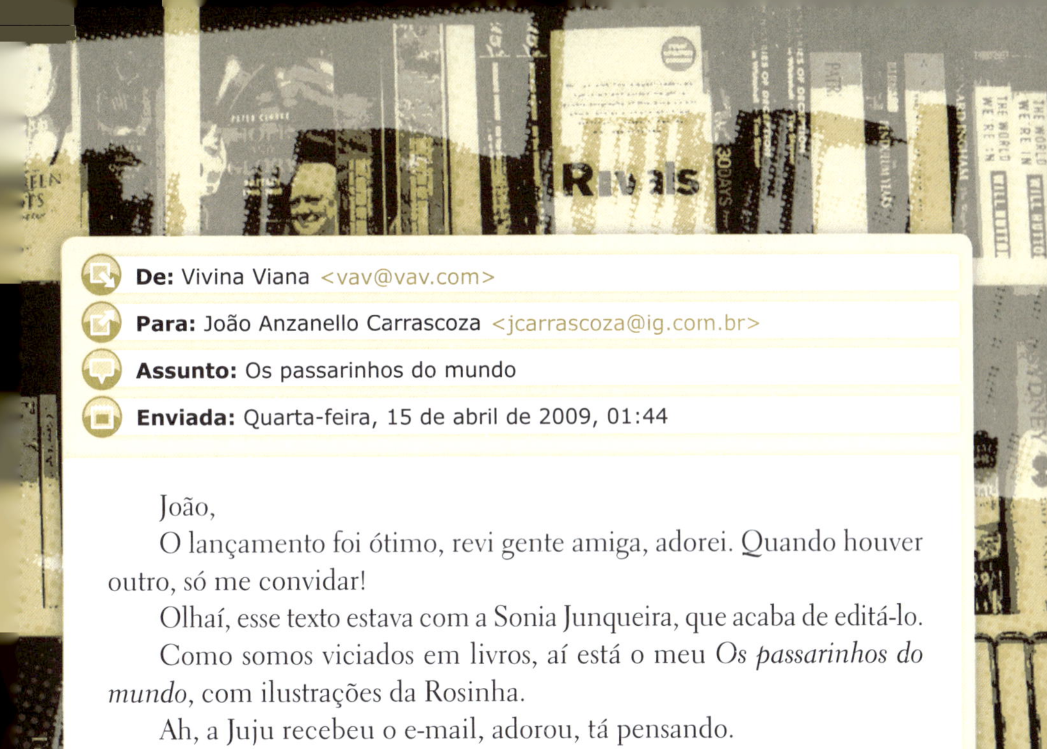

De: Vivina Viana <vav@vav.com>

Para: João Anzanello Carrascoza <jcarrascoza@ig.com.br>

Assunto: Os passarinhos do mundo

Enviada: Quarta-feira, 15 de abril de 2009, 01:44

João,

O lançamento foi ótimo, revi gente amiga, adorei. Quando houver outro, só me convidar!

Olhaí, esse texto estava com a Sonia Junqueira, que acaba de editá-lo.

Como somos viciados em livros, aí está o meu *Os passarinhos do mundo*, com ilustrações da Rosinha.

Ah, a Juju recebeu o e-mail, adorou, tá pensando.

Beijo

Vivina.

De: João Anzanello Carrascoza <jcarrascoza@ig.com.br>

Para: Vivina Viana <vav@vav.com>

Assunto: Re: Os passarinhos do mundo

Enviada: Quarta-feira, 15 de abril de 2009, 08:32

Vivina, que maravilha!

Obrigadíssimo por partilhar esse seu novo livro comigo.

Quero ler esses passarinhos, voando neles devagar.

Falamos logo mais.

Estou em Lisboa (vim a um congresso), e o Rafa veio comigo.

Portanto, não apresse a Juju.

Fico feliz que tenha gostado do e-mail de Athens.

Conheci essa cidade meses atrás e achei que seria legal o Rafa viver lá.

Beijos

De: Vivina Viana <vav@vav.com>
Para: João Anzanello Carrascoza <jcarrascoza@ig.com.br>
Assunto: Re: Juju e Rafa
Enviada: Quarta-feira, 6 de maio de 2009, 12:16

João, João!
Você me escreveu há quase um mês!
Pelo amor de Deus, paciência comigo, tá legal?
Aí em Lisboa e em qualquer outro lugar do mundo.
Não esqueci nossa dupla. Tenho até sonhado com ela, juro!
Escrevo logo que me livrar de uns problemas.
Só escrevemos direito com calma, sabemos. Pois é só o que estou esperando. Tá quase.
Beijo caótico
Vivina.

De: João Anzanello Carrascoza <jcarrascoza@ig.com.br>
Para: Vivina Viana <vav@vav.com>
Assunto: Sem problemas
Enviada: Quarta-feira, 6 de maio de 2009, 15:54

Vivina, não se preocupe!
Vamos no ritmo que a vida nos permitir.
Vira-e-mexe surgem uns imprevistos do meu lado também.
O importante é seguirmos e sei que vamos seguir.
Fique em paz e a calma virá.

De: João Anzanello Carrascoza <jcarrascoza@ig.com.br>

Para: Vivina Viana <vav@vav.com>

Assunto: Rafa a caminho

Enviada: Quinta-feira, 6 de agosto de 2009, 09:12

Vivina, demorei para continuar nossa história porque estava numa grande correria em junho. Tinha de fechar notas de alunos de graduação na USP, de pós-graduação na ESPM, cursos de férias e outros compromissos e pendências que precisavam ser resolvidos, já que vou ficar fora do Brasil por um mês.

Sim, fui convidado para participar da sessão de verão numa residência de escritores na Suíça! Uma coisa muito bacana, que eu vou lhe contando aos poucos.

Cheguei há dois dias aqui nos Alpes e a primeira coisa que fiz foi responder pra Juju.

Corrigi no seu texto as derivações do latim, conforme a sua orientação, e tentei escrever uma mensagem do Rafa à altura da sua. Acho que escrever a quatro mãos é assim mesmo: a história vai pra lá e pra cá. Espero ter aproveitado alguns ganchos!

Bem, vamos nos falando suavemente por e-mail, assim como nossos personagens.

Beijos do João.

De: João Anzanello Carrascoza <jcarrascoza@ig.com.br>

Para: Vivina Viana <vav@vav.com>

Assunto: Texto revisado

Enviada: Terça-feira, 11 de agosto de 2009, 07:21

Vivina, tudo bem?

Espero que sim, embora eu ainda não tenha recebido sua resposta.

Minha mensagem chegou?

Enviei-lhe semana passada o arquivo com a continuação da nossa história.

Mas comentei que estava na Suíça e penando com o teclado (não conseguia achar a crase e outros acentos) e revisaria o material depois.

Mas já o fiz e aproveitei para tornar alguns trechos desta última carta do Rafa mais coloquial como as da sua Juju. Não mudei nada da história, só revisei.

Portanto, considere este arquivo o definitivo.

Beijo carinhoso

De: Vivina Viana <vav@vav.com>

Para: João Anzanello Carrascoza <jcarrascoza@ig.com.br>

Assunto: Re: Rafa a caminho

Enviada: Quinta-feira, 13 de agosto de 2009, 02:25

João, querido

a Juju tá muito chique, recebendo carta da Suíça! Pena que ela não saiba.

Como estou vendo/lendo tudo hoje (estive em Minas, sem computador, nos últimos seis dias), nem vou abrir esse anexo. Vou direto ao outro, já revisado.

Não se preocupe com demoras, a campeã nesse quesito sou eu.

Muito legal sua "missão" aí. O Henrique Félix havia me falado, há umas duas semanas.

Sim, vamos nos escrevendo, suavemente.

Beijos da

Vivina

De: João Anzanello Carrascoza <jcarrascoza@ig.com.br>
Para: Vivina Viana <vav@vav.com>
Assunto: Re: Re: Rafa a caminho
Enviada: Sexta-feira, 14 de agosto de 2009, 08:16

Oi, Vivina, tudo bem?

Sim, sim, estou aqui, num castelo, perto do lago de Genebra, num programa de escritores residentes.

É uma experiência sensacional, depois te conto tudo.

Exatamente, é para você considerar esse último arquivo revisado, o outro pode dispensar.

Qualquer dúvida, me escreva.

Espero estar fazendo um bom trabalho com o Rafa para a sua Juju.

Beijo

De: Vivina Viana <vav@vav.com>
Para: João Anzanello Carrascoza <jcarrascoza@ig.com.br>
Assunto: Juju e Rafa, Rafa e Juju.
Enviada: Terça-feira, 6 de setembro de 2009, 03:20

Querido João,

hoje faz um mês que você me enviou o e-mail do Rafa, veja só. Pensei muito nele o tempo todo, e aí está.

Você ainda está viajando? Fico imaginando que, terminado o programa, talvez tenha ficado um pouco mais.

Vou viajar na próxima sexta, com dois de meus filhos, pra Nova York.

Vou realizar, com um deles, um sonho antigo: assistir a uma final de um torneio de tênis. Estamos torcendo pro Federer ser um dos finalistas do US OPEN.

Beijo pra vocês dois, João e Rafa.

De nós duas, Vivina e Juju.

De: João Anzanello Carrascoza <jcarrascoza@ig.com.br>

Para: Vivina Viana <vav@vav.com>

Assunto: Re: Juju e Rafa, Rafa e Juju.

Enviada: Terça-feira, 8 de setembro de 2009, 20:21

Vivina, então já faz um mês que te enviei o e-mail do Rafa?

Como o tempo passa!

Foi a primeira coisa que escrevi lá na residência na Suíça.

Depois escrevi três contos e revisei inteiramente dois novos livros que aguardavam a versão final para a editora começar a preparação.

O tempo galopa, bem ao contrário do delicioso devagar mineiro.

Mas estou de volta, cheguei semana passada.

E já fui a Curitiba, outro congresso.

Lembrei de você, quando soube que a Rua 24 horas está desativada agora.

Foi lá que nasceu a ideia de escrevermos uma história juntos!

Legal que você vai viajar com os filhos.

Uma maravilha essas vivências na companhia de quem amamos.

NY é uma cidade apaixonante, você sabe.

Aproveite os *States*.

Quando voltar, espero que o Rafa tenha uma carta para você e para a Juju.

Beijo

De: Vivina Viana <vav@vav.com>

Para: João Anzanello Carrascoza <jcarrascoza@ig.com.br>

Assunto: Rua 24 horas

Enviada: Quarta-feira, 9 de setembro de 2009, 09:44

Ah, João, como é bom viver o contato com você.

Fiquei impressionada com o rendimento de seu trabalho na Suíça. Revisar completamente dois livros e escrever três contos, isso é uma tarefa e tanto. Não sei quanto tempo eu levaria nisso, alguns anos. Mas sei por que seu tempo rendeu assim: a primeira coisa que você fez foi escrever pra Juju! Deu sorte!

Muito a sua cara você se lembrar de mim na ausência da Rua 24 horas. Também estive em Curitiba recentemente, final de abril, também me lembrei de você pelo mesmo motivo. Deve ser a minha cara também.

Pois é, NY será minha segunda vez. Espero me apaixonar de novo.

Quando voltar, vou fingir que cheguei na Suíça: a carta do Rafa será minha primeira boa ação.

Beijo

Vivina.

De: João Anzanello Carrascoza <jcarrascoza@ig.com.br>

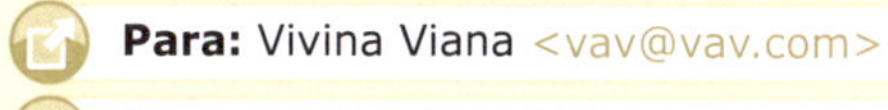

Para: Vivina Viana <vav@vav.com>

Assunto: Re: Rua 24 horas

Enviada: Quinta-feira, 10 de setembro de 2009, 12:27

Vivina, querida, aproveite New York e se reapaixone pela *city*.

Eu agora voltei aos trabalhos universitários, e o tempo para a literatura se reduziu.

A imersão na Suíça foi maravilhosa.

Me conectei comigo e, por consequência, com a minha obra.

Sweet memories!

Mas vamos à vida.

Quando você voltar, Rafa estará enviando mensagem para a Juju.

Beijo e *good trip*.

De: João Anzanello Carrascoza <jcarrascoza@ig.com.br>

Para: Vivina Viana<vav@vav.com>

Assunto: Re: Uma ideia!

Enviada: Quinta-feira, 15 de outubro de 2009, 12:05

Vivina, você está bem?

Tô legal, João, bem legal.

E os filhos, a família, toda a gente querida?

Meus filhos estão nos EEUU, ficaram por lá, fazendo a Route 66, maior empolgação.

Espero que sua viagem a NY tenha sido feliz, suave, inesquecível.

Foi desse jeito, João. Feliz, suave, inesquecível.

Vi que o Federer perdeu, mas o argentino trouxe emoção para o tênis atual!

Pois é, torcemos pelo Federer, mas lá estava tão bom, o estádio fica em um parque tão bonito, torcemos tanto, que deixamos a decepção pra lá. E o Del Potro mereceu.

Bem, aí segue a nossa história do Rafa e Juju.

Demorei um bocadinho pra escrever, a correria da vida.

Não nos preocupemos, sabemos que é assim, e que esses dois não vão se largar!

Também tive de pensar muito.

Empatamos, então!

Mas estou gostando cada vez mais desses dois!

Eu também!

O Rafa escreveu dois e-mails. Um no qual diz que ficou doente e outro, no dia seguinte, quando já estava melhor.

Se você (a Juju) quiser colocar uma mensagem no meio das duas do Rafa, fique à vontade!

Fiquei!

Pensei em falar com você por telefone, porque comecei a sentir que poderíamos inserir nessa troca de correspondência arquivos, imagens e fotos (como normalmente são anexadas em e-mails!).

Por que não telefonou? Quando quiser...

De repente, fica legal.

Acho que fica, sim. Vamos lá!

Bem, quando puder, dê uma lida e a gente continua.

Agorinha!

Estou muito feliz em seguir com você.

Eu, idem!

Ah, também achei que a Juju é de um certo signo. Se errei, me diga, a gente corrige.

Quem sabe da Juju é você, que viu um jeito leonino nela. Tudo bem, ela é leonina desde que nasceu! Eu nasci geminiana...

Beijos

Outros

P.S.: Os nossos próprios e-mails poderiam dar outro livro, sobre o processo criativo de uma obra e a amizade entre dois escritores. Estou cheio de ideias. Risos.

Benditas e bem-vindas todas as suas ideias, João! E "risos", como não?

De: Vivina Viana <vav@vav.com>

Para: João Anzanello Carrascoza <jcarrascoza@ig.com.br>

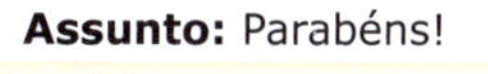

Assunto: Parabéns!

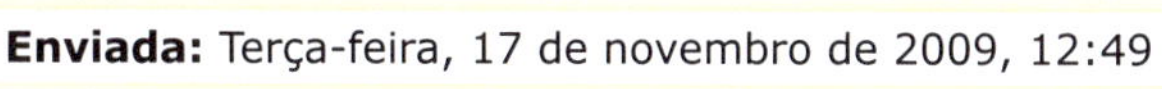

Enviada: Terça-feira, 17 de novembro de 2009, 12:49

Oi, João,

recebi o convite pro lançamento de sua adaptação de *O livro da Selva*, desejo que seja legal, do seu jeito.

A Juju tá pensando no Rafa, sempre está. E espera dias menos doloridos pra escrever.

Beijo carinhoso da

Vivina.

De: João Anzanello Carrascoza <jcarrascoza@ig.com.br>
Para: Vivina Viana <vav@vav.com>
Assunto: Re: Parabéns
Enviada: Terça-feira, 17 de novembro de 2009, 16:18

Vivina, tudo bem?
Querida, obrigadíssimo pela mensagem.
Vamos fazendo devagar (e sempre) nosso livrinho.
Juju e Rafa precisam viver primeiro dentro de nós.
Beijos

De: João Anzanello Carrascoza <jcarrascoza@ig.com.br>
Para: Vivina Viana <vav@vav.com>
Assunto: Rafa, Juju, 2010
Enviada: Sábado, 9 de janeiro de 2010, 10:17

Oi, Vivina, tudo bem?
Saudades!
E, antes de mais nada, um 2010 maravilhoso!
Como anda a vida?
Os meus últimos meses foram intensos e velozes.

Na correria, entre as viagens, fiquei na dúvida sobre nosso livrinho a dois, se era eu ou você quem deveria escrever o próximo e-mail dos personagens.

Achei que era a Juju, porque o Rafa tinha escrito dois e-mails.
Creio que devíamos nos falar por telefone, já faz um tempão, não é?
Ou poderíamos almoçar um dia desses, que tal?
Eu adoraria.
Seria um encontro por nós, mas também pelos nossos personagens.
Me diga o que você acha.
Beijo do João

De: Vivina Viana <vav@vav.com>

Para: João Anzanello Carrascoza <jcarrascoza@ig.com.br>

Assunto: Re: Rafa, Juju, 2010

Enviada: Quinta-feira, 14 de janeiro de 2010, 12:51

Oi, João, tudo bem, sim!

Tirando meus atrasos, que nem são mais assunto, por aqui vai tudo bem.

Também tive meses intensos e corridos, a gente não escapa.

Quem deve escrever é a Juju, justamente por causa dos dois e-mails do Rafa. Ela respondeu o primeiro, falta o outro. Estive revendo, acho que vou ter de refazê-lo, pra não ficar incoerente com o segundo do Rafa. Nada que não se resolva. Acho ótima a ideia de nos falarmos, de almoçarmos. Semana que vem, não posso segunda, nem quarta. Nos outros dias, tudo bem.

Beijo, João, te gosto muito.

Vivina.

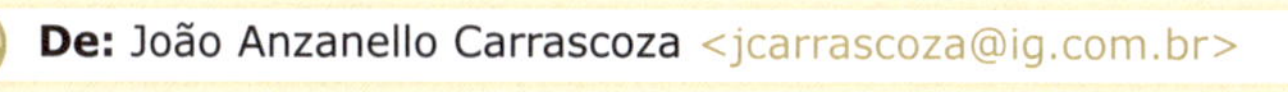

De: João Anzanello Carrascoza <jcarrascoza@ig.com.br>

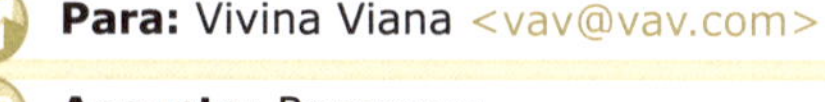

Para: Vivina Viana <vav@vav.com>

Assunto: Recomeço

Enviada: Segunda-feira, 25 de janeiro de 2010, 18:03

Vivina, desculpe-me a demora em responder.

Estive dando cursos de férias na ESPM este mês.

Depois que saí da agência de propaganda, ampliei o tempo para as atividades universitárias.

Bem, mas o que interessa é que eu gostaria de te ver.

Você ficou muito presente em meus pensamentos nos últimos dias.

Você está bem? Sim, você mesma!

Notei que a Juju respondeu um e-mail, mas que não ia fazer muito sentido.

Acho que não tem problema: ela depois resolve isso, o Rafa vai gostar de qualquer jeito.

Também te gosto muito.

Beijos

De: Vivina Viana <vav@vav.com>

Para: João Anzanello Carrascoza <jcarrascoza@ig.com.br>

Assunto: Re: Recomeço

Enviada: Segunda-feira, 22 de março de 2010, 06:40

Querido João,

olhaí, acho que foi no dia do meu e-mail anterior – 14 de janeiro – que paramos. Parece muito mais tempo.

Então, recomeçamos?

Sinto que Rafa e Juju também recomeçarão. Afinal, torcemos ou não por eles?

Voltei de NY com uns problemas no joelho. Segundo a médica, ele andou mais do que devia lá. Ah, mas quem manda aquela ilha ser tão plana e tão bonita?

Beijo carinhoso

Vivina.

De: João Anzanello Carrascoza <jcarrascoza@ig.com.br>

Para: Vivina Viana <vav@vav.com>

Assunto: Re: Re: Recomeço

Enviada: Quarta-feira, 24 de março de 2010, 15:41

Vivina, que bom que você me escreveu. Fico apreensivo quando os amigos queridos silenciam.

Se está tudo bem, melhor ainda.

Mas cuide do joelho, hein!

Então, vamos almoçar pra conversar sobre a vida e reatar nosso livrinho?

Como anda a sua agenda?

Beijos

De: Vivina Viana <vav@vav.com>

Para: João Anzanello Carrascoza <jcarrascoza@ig.com.br>

Assunto: Encontro

Enviada: Quarta-feira, 24 de março de 2010, 06:54

Oi, João
vamos lá, vamos lá!
Aguardo sugestões e possíveis definições, rsrs...
Beijo
Vivina.

De: João Anzanello Carrascoza <jcarrascoza@ig.com.br>

Para: Vivina Viana <vav@vav.com>

Assunto: Re: Encontro

Enviada: Terça-feira, 30 de março de 2010, 17:44

Vivina, podemos, então, almoçar numa terça, me parece um dia bom. Ou, se você preferir, podemos, nesse dia, tomar um café no fim da tarde, pois tenho aulas de inglês às 19h30 na Augusta. É perto de você, não é? Esperamos esta Semana Santa passar e agendamos, certo?

Beijos

De: Vivina Viana <vav@vav.com>

Para: João Anzanello Carrascoza <jcarrascoza@ig.com.br>

Assunto: Re: Re: Encontro

Enviada: Quarta-feira, 31 de março de 2010, 07:26

João,
maravilha, combinado!

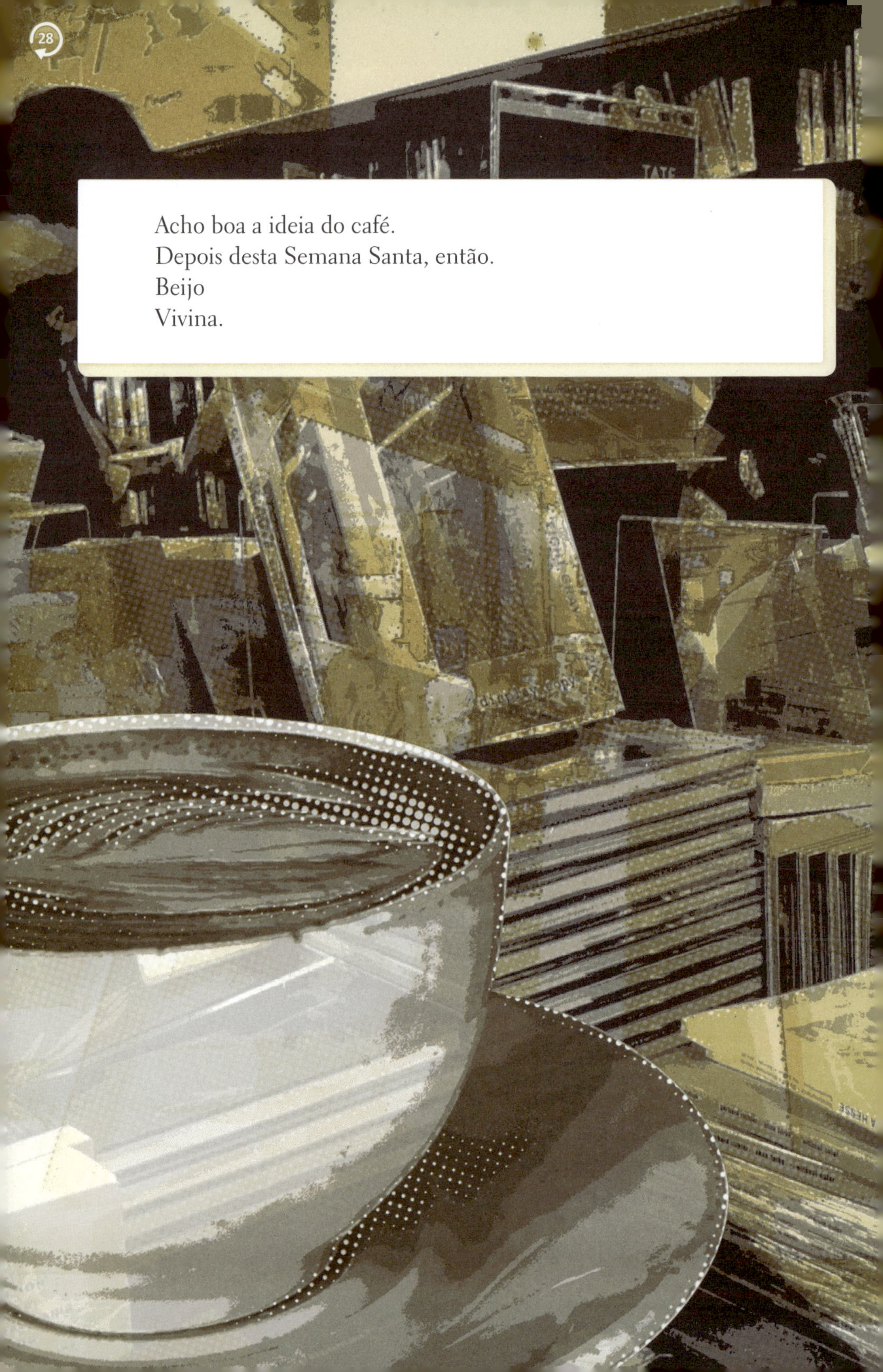

Acho boa a ideia do café.
Depois desta Semana Santa, então.
Beijo
Vivina.

De: Vivina Viana <vav@vav.com>
Para: João Anzanello Carrascoza <jcarrascoza@ig.com.br>
Assunto: Café
Enviada: Terça-feira, 6 de abril de 2010, 13:53

João,
vamos no Oscar Café?
Nunca fui lá, vai ser bom inaugurá-lo com você, o Rafa e a Juju.
Beijos triplos
Vivina.

De: João Anzanello Carrascoza <jcarrascoza@ig.com.br>
Para: Vivina Viana <vav@vav.com>
Assunto: Re: Café
Enviada: Terça-feira, 6 de abril de 2010, 15:19

Combinado, Vivina, às 18h, no Oscar Café.
Como eu não tenho celular, me deixe um telefone seu.
Você sabe, a chuva complica ainda mais o trânsito.
Beijos e até já.

De: Vivina Viana <vav@vav.com>

Para: João Anzanello Carrascoza <jcarrascoza@ig.com.br>

Assunto: Algumas histórias

Enviada: Quarta-feira, 7 de abril de 2010, 15:28

Querido João,

o Oscar Café desativado não estava no programa, não é? Ainda bem que havia a livraria, pertinho.

Como te prometi em nossa conversa chuvosa, aí está meu livro novo.

Estou gostando dele.

Beijo, carinho.

Vivina.

De: João Anzanello Carrascoza <jcarrascoza@ig.com.br>

Para: Vivina Viana <vav@vav.com>

Assunto: Re: Algumas histórias

Enviada: Quarta-feira, 7 de abril de 2010, 16:05

Vivina, sempre uma felicidade clandestina para mim encontrar você.

Já imprimi e vou ler com carinho essa sua nova história.

Vamos nos falando, aos poucos.

Mas sempre.

Beijos

De: Vivina Viana <vav@vav.com>

Para: João Anzanello Carrascoza <jcarrascoza@ig.com.br>

Assunto: Re: Re: Algumas histórias

Enviada: Quarta-feira, 7 de abril de 2010, 20:22

Oi, João,

sem que eu percebesse, enviei uma mensagem em branco pra você, desculpe.

Estava lendo e achando bonita a palavra clandestina, e pensando nela, e pensando em você, e pensando nas coisas que escrevemos, em como as escrevemos, e aí enviei antes da hora. Não era hora de escrever, só de ler. Tenho pensado na Juju, muito. No Rafa também.

Beijo

Vivina.

De: João Anzanello Carrascoza <jcarrascoza@ig.com.br>

Para: Vivina Viana <vav@vav.com>

Assunto: História das boas

Enviada: Segunda-feira, 12 de abril de 2010, 12:39

Vivina, tudo bem?

Li sua história e achei bem legal mesmo.

Você tem razão de estar gostando dela.

O lance dos nomes é muito atraente.

A gente vive nomeando as coisas, como Adão.

Dar nome a terras e bichos é praticar poesia.

Gostei.

E o final é bem bonito.

Beijos

De: Vivina Viana <vav@vav.com>

Para: João Anzanello Carrascoza <jcarrascoza@ig.com.br>

Assunto: Re: História das boas

Enviada: Segunda-feira, 12 de abril de 2010, 17:22

Oi, João,

quero te dizer que li um livro chamado *Meu avô espanhol*, que me deixou muito feliz. Fico assim, quando leio histórias bonitas.

Gostei muito daquelas introduções aos capítulos, à maneira de D. Quixote. Parabéns, João, mais uma vez.

Beijo da

Vivina.

De: João Anzanello Carrascoza <jcarrascoza@ig.com.br>

Para: Vivina Viana <vav@vav.com>

Assunto: Meu avô

Enviada: Segunda-feira, 12 de abril de 2010, 17:41

Vivina,

fiquei feliz que você leu o *Meu avô espanhol*.

E gostou!

Quando o leitor é especial, a alegria aumenta.

Estou grande de alegria.

Obrigadíssimo.

E vamos nos falando nesses silêncios da vida.

Beijos

De: Vivina Viana <vav@vav.com>

Para: João Anzanello Carrascoza <jcarrascoza@ig.com.br>

Assunto: Por favor

Enviada: Quinta-feira, 24 de junho de 2010, 21:12

João, querido,

não me desculpo, não precisamos.

Tenho pensado em você, em nós, amigos e autores. Em Juju e Rafa, nossos personagens tão bem iniciados e há tanto tempo interrompidos.

Não me esqueci de nada, nem de ninguém.

Mas, a partir daquele nosso encontro, aconteceram muitas coisas, algumas boas, como uma viagem a Los Roques, na Venezuela, outras nem tanto, rsrs.

Tenho pensado muito em nosso texto, repito. Vontade de dar sequência, definir um rumo, ou uma falta de, sei lá, tudo pode acontecer, sabemos. Não desista de mim, por favor.

Beijo, carinho, saudade.

Vivina.

P.S.: Essa semana, perdi uma amiga de quem gostava muito (ela também gostava muito de mim), e escrevi sobre ela naquele site em que publico umas crônicas. Gostaria que você lesse.

De: João Anzanello Carrascoza <jcarrascoza@ig.com.br>

Para: Vivina Viana <vav@vav.com>

Assunto: Re: Por favor

Enviada: Sábado, 26 de junho de 2010, 16:29

Vivina, querida, estou em Ushuaia, capital da Terra do Fogo, literalmente no fim do mundo!

Não, não vou desistir de você, nem da nossa história.

Juju vai renascer em você.

Quando voltar, eu entro em contato.

Até porque em julho estarei lançando *Espinhos e alfinetes* e gostaria de vê-la na noite de autógrafos.

Beijos

De: Vivina Viana <vav@vav.com>
Para: João Anzanello Carrascoza <jcarrascoza@ig.com.br>
Assunto: Juju e Rafa
Enviada: Quarta-feira, 8 de setembro de 2010, 01:54

Querido João,
milagres acontecem, olha aí a Juju de novo, em ação,
Beijo carinhoso/fraterno/saudoso,
Vivina.

De: João Anzanello Carrascoza <jcarrascoza@ig.com.br>
Para: Vivina Viana <vav@vav.com>
Assunto: Re: Juju e Rafa
Enviada: Quarta-feira, 8 de setembro de 2010, 16:28

Oi, Vivina!
Obrigado pela alegria do milagre.
Rafa vai ficar feliz, feliz, feliz...
Beijo carinhoso/fraterno/saudoso também.

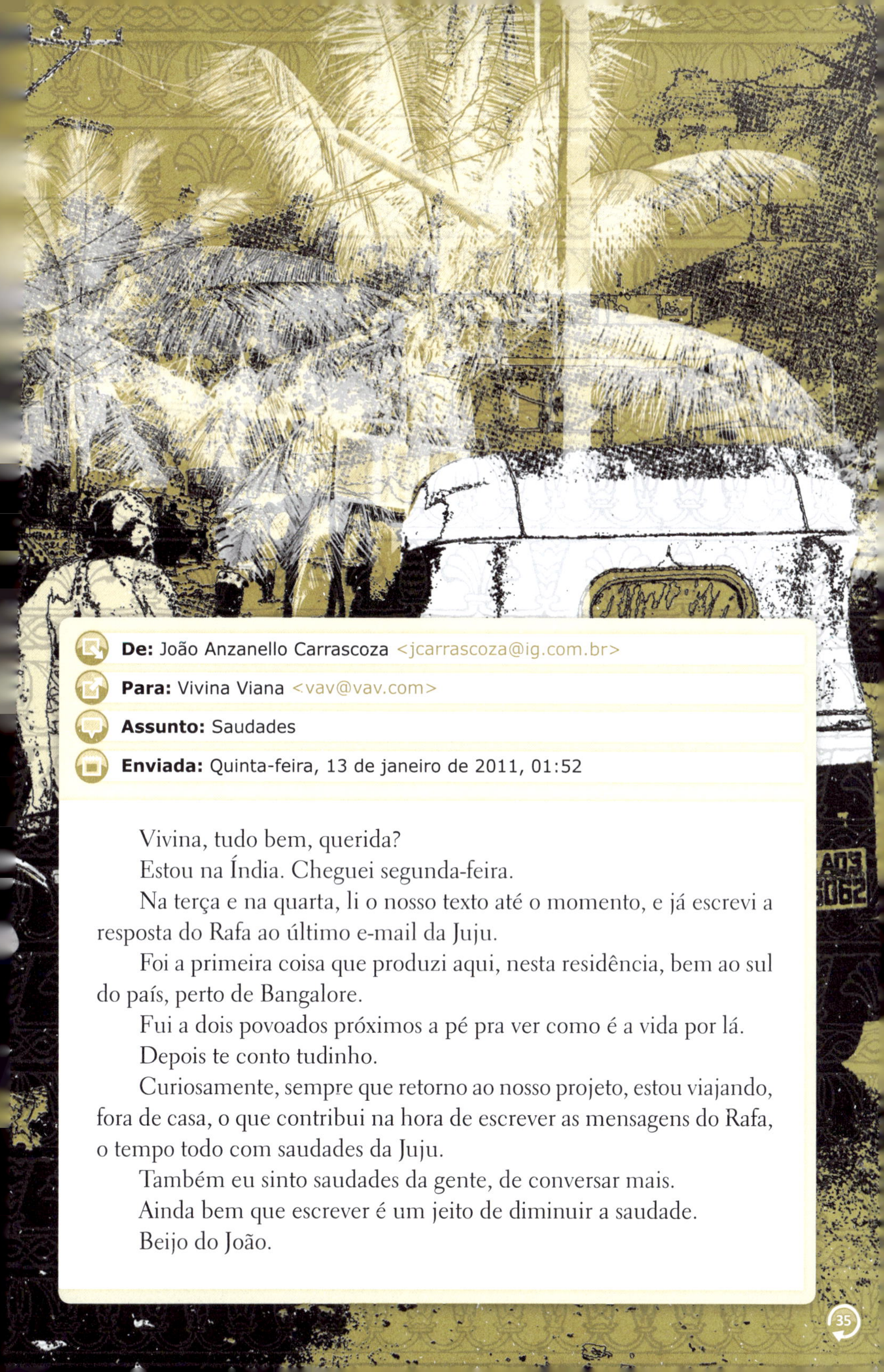

De: João Anzanello Carrascoza <jcarrascoza@ig.com.br>

Para: Vivina Viana <vav@vav.com>

Assunto: Saudades

Enviada: Quinta-feira, 13 de janeiro de 2011, 01:52

Vivina, tudo bem, querida?

Estou na Índia. Cheguei segunda-feira.

Na terça e na quarta, li o nosso texto até o momento, e já escrevi a resposta do Rafa ao último e-mail da Juju.

Foi a primeira coisa que produzi aqui, nesta residência, bem ao sul do país, perto de Bangalore.

Fui a dois povoados próximos a pé pra ver como é a vida por lá.

Depois te conto tudinho.

Curiosamente, sempre que retorno ao nosso projeto, estou viajando, fora de casa, o que contribui na hora de escrever as mensagens do Rafa, o tempo todo com saudades da Juju.

Também eu sinto saudades da gente, de conversar mais.

Ainda bem que escrever é um jeito de diminuir a saudade.

Beijo do João.

De: João Anzanello Carrascoza <jcarrascoza@ig.com.br>
Para: Vivina Viana <vav@vav.com>
Assunto: Você recebeu a continuação?
Enviada: Sexta-feira, 28 de janeiro de 2011, 04:31

Oi, Vivina, tudo bem?

Então, enviei a continuação da nossa história, quer dizer, do Rafa e da Juju, semanas atrás.

Como não recebi nenhum retorno seu, não sei se a mensagem chegou.

Aqui onde estou, na zona rural no sul da Índia, ficamos uma semana sem e-mail e, às vezes, as mensagens demoram a chegar aí.

Quando puder, me responda.

Se você não recebeu o texto, eu envio de novo.

Namastê.

De: Vivina Viana <vav@vav.com>
Para: João Anzanello Carrascoza <jcarrascoza@ig.com.br>
Assunto: Re: Você recebeu a continuação?
Enviada: Sexta-feira, 28 de janeiro de 2011, 04:39

João, querido!

Que emoção, nunca recebi nada diretamente da zona rural do sul da Índia.

Ah, João, ainda bem que você escreveu de novo, a outra mensagem não chegou! Será que ainda chega?

Eu estava sempre me lembrando, claro, mas pensei que você estivesse esperando entrar na rotina indiana – certamente zen – pra contagiar o Rafa...

Parece que não foi bem assim. Você chegou e logo o conectou com o mundo. Ou, ao menos, com a Juju.

Estamos esperando a mensagem, ela e eu. Com a mesma ansiedade.

Namastê também.

Beijo.

Vivina

De: João Anzanello Carrascoza <jcarrascoza@ig.com.br>
Para: Vivina Viana <vav@vav.com>
Assunto: Nossa história
Enviada: Sábado, 29 de janeiro de 2011, 14:14

Pois é, Vivina, a primeira coisa que fiz na residência foi continuar a "nossa" história.

Bem, agora, depois de três semanas escrevendo muito, vou para Délhi e outras cidades da Índia.

Mas aí é pra passear mesmo!

Queria muito conhecer o Taj Mahal e irei segunda-feira!

Vou anexar aqui o arquivo.

E mando notícias logo mais.

Beijo grande

De: Vivina Viana <vav@vav.com>
Para: João Anzanello Carrascoza <jcarrascoza@ig.com.br>
Assunto: Re: Re: Re: Você recebeu a continuação?
Enviada: Sábado, 29 de janeiro de 2011, 03:50

João,

boas novas! Tá tudo aqui, direitinho!

Vou ler, não demorar pra responder e torcer pra que suas andanças sejam maravilhosas. Taj Mahal, ah, você tem razão, deve ser mágico.

Beijo grande

Vivina

De: Vivina Viana <vav@vav.com>

Para: João Anzanello Carrascoza <jcarrascoza@ig.com.br>

Assunto: Re: Re: Re: Re: Você recebeu a continuação?

Enviada: Quarta-feira, 2 de março de 2011, 11:30

João, querido,

imagino que você já esteja de volta, será?

Imagino também que a experiência na Índia tenha sido fantástica, sem "será".

Pois é, demorei um pouco, de novo. Acontece que a Juju fica sempre meio perdida, quando chega carta do Rafa. Por vários dias.

Beijo da Vivina

De: João Anzanello Carrascoza <jcarrascoza@ig.com.br>

Para: Vivina Viana <vav@vav.com>

Assunto: Rápida

Enviada: Quarta-feira, 9 de março de 2011, 13:14

Oi, Vivina, tudo bem?

Espero que sim!

Depois eu te conto da viagem à Índia.

Inesquecível.

Nossa, a Juju já escreveu!

Ela está ficando cada vez mais rápida.

Também o Rafa demora um bom tempo para entender com o coração os e-mails dela.

A vida vai devagar lá dentro de nós.

Beijo

De: Vivina Viana <vav@vav.com>

Para: João Anzanello Carrascoza <jcarrascoza@ig.com.br>

Assunto: Re: Rápida

Enviada: Quinta-feira, 17 de março de 2011, 08:47

Oi, João,

tudo bem, sim, querido.

Pois é, mais uma vez, não te recebi logo. Fui a Minas, só voltei agora, 14.

Lá foi legal, a fazenda sempre vale a pena, mas choveu demais, o tempo todo. Estrada de terra, barro, não pusemos os pés fora de casa.

Ainda bem que tivemos o bom senso de levar DVDs, e os livros sempre estiveram por lá. Desde meus tempos de criança, quando me encantava com o Jeca Tatuzinho.

Ah, João, você só pode estar brincando! Tenho certeza de que, mais uma vez, a Juju abusou do tempo, e você: "Nossa! A Juju já escreveu!".

Quero saber da Índia, quando der. Quando for a hora, como você gosta de dizer.

A Juju quer ler a resposta do Rafa. Quando for a hora. Ela sabe que "a vida anda devagar, lá dentro de nós", como você teve – e tem – sensibilidade pra perceber.

Sabe, João, cada vez estou mais convicta de que é um privilégio escrever esse livro com você.

Se eu não estivesse tão assustada com esse tsunami, e tão triste com o sofrimento do povo japonês, estaria superfeliz. Estou só feliz.

Beijo.

Vivina

De: João Anzanello Carrascoza <jcarrascoza@ig.com.br>

Para: Vivina Viana <vav@vav.com>

Assunto: Em ação

Enviada: Terça-feira, 5 de abril de 2011, 20:00

Vivina, querida, sempre uma alegria falar com você.

Sou grato pelo privilégio de poder desfrutar de suas palavras!

Já peguei no nosso livro, quer dizer, Rafa está em ação novamente.

Fiquei com algumas dúvidas que partilho com você: o tempo da obra não coincide bem com o da realidade, já que ficamos um espaço sem escrevê-la.

Nos e-mails anteriores dos personagens, falamos do prêmio Nobel de Obama, do Dia da Independência e outros fatos.

E, agora, entram os problemas do mundo árabe, a morte do Scliar etc., que acontecem, se formos rigorosos, só um ano depois.

Sei que no universo da ficção tudo ganha desconto, até porque não temos o compromisso total com o realismo.

Mas vale a gente ficar vigilante, certo?

Bem, Rafa está acabando de escrever e logo te envio a continuação. Por hora, os aprendizados na Índia vão se aprofundando.

Foi uma viagem mais para dentro do que para fora, tanto que falar da geografia e dos costumes de lá seria como retirar o perfume da flor, e quero te oferecer a flor com o que ela tem de flor: beleza e perfume.

Seja como for, dois extremos me marcaram: a magia hipnótica do Taj Mahal e a pobreza nas aldeias do país.

Às vezes, me pergunto por que o mundo me dá tanto, se posso viver com tão pouco!

Valendo-me das palavras da Juju, sobre testamento, me sinto mais rico a cada dia por precisar menos do que tanta gente se esforça pra ter mais.

Com você e outras pessoas queridas por perto, nunca fui tão milionário.

Que a escrita possa me dar a oportunidade de dividir com os demais essa fortuna.

Beijo e até já.

De: João Anzanello Carrascoza <jcarrascoza@ig.com.br>

Para: Vivina Viana <vav@vav.com>

Assunto: A história continua...

Enviada: Sexta-feira, 8 de abril de 2011, 10:36

Oi, Vivina, tudo bem?

Querida, Rafa voltou a escrever pra Juju.

Aliás, escreveu dois e-mails, um depois do outro, pra quebrar um pouco a estrutura!

Espero que vocês gostem.

E reafirmo: uma grande alegria pra mim escrever esta história com você.

Seria até maior se ontem não tivesse acontecido aquela coisa inexplicável no Rio.

Rafa e Juju, tão cheios de vida, poderiam ter sido uma das vítimas.

Pensei neles quando terminava de escrever o último e-mail do Rafa.

Sorte que os deuses nos deram a transcendência da escrita.

Assim as crianças podem ser eternas dentro da ficção.

Love.

João

De: Vivina Viana <vav@vav.com>

Para: João Anzanello Carrascoza <jcarrascoza@ig.com.br>

Assunto: Re: A história continua...

Enviada: Sexta-feira, 22 de julho de 2011, 10:43

Oi, João, sabe de uma coisa?

Descobri que você deve gostar muito de mim, mais do que imagino. Senão, como suportaria, sem nenhuma cobrança, esses atrasos sem fim?

O Rafa escreveu em abril, dia 8, a Juju responde em julho, 22!

Vexame igual ao da Seleção Brasileira, perdendo quatro pênaltis para o Paraguai na Copa América, há poucos dias!

Pra ficar tão calado como você fica, me deixando usar e abusar de sua paciência, das duas uma: ou você gosta muito de mim, ou nem te ligo... Tendo pra primeira hipótese, claro, rsrs...

Ao contrário de você, eu me cobro. Muito.

Esse tempo todo, com seu e-mail na caixa de entrada, todos os dias eu me lembrava de que era a minha vez de escrever. De dar voz à Juju.

Ia pra rua, pensava nela, que pensava no Rafa. Ia pra academia, idem. Pro escritório, idem.

Meu jeito é esse, João. Pensar e deixar o tempo passar, quieta, no meu canto. Quando não tem mais jeito...

Nos últimos dias, com vergonha até de mim, não teve mais jeito.

Li e reli a história desses dois, com o maior carinho. Apesar de mim, a história tá crescendo. E crescendo bonita, acho. Legal, maneira.

Tive uns empecilhos que realmente me seguraram, embora não justifiquem tanto atraso.

Taí o nosso texto querido. Sem a tragédia do Realengo em suas páginas, mas em nossos espantos, infelizmente.

Personagens costumam ser seres mais felizes que nós. Mais infelizes também.

Por esse e por tantos outros motivos, João, penso que podemos dispensá-las do registro rígido dos fatos, tudo a tempo e a hora. Surpreendidas ora por tsunamis e Realengos, ora por resultados de eleições e de torneios esportivos, ora por emoções complexas, como a perda de escritores e amigos que se vão e que – sabemos – estarão sempre por aqui, surpreendidas por tantos fatos, que elas transitem por todos eles com a dubiedade que as caracteriza, sendo e não sendo, indo e vindo, sempre se descobrindo e se renovando aos olhos de cada novo leitor.

Você concorda, João?

Beijo.

Ah, *love* também.

Vivina

De: João Anzanello Carrascoza <jcarrascoza@ig.com.br>
Para: Vivina Viana <vav@vav.com>
Assunto: Rafa está voltando
Enviada: Sábado, 6 de agosto de 2011, 10:53

Vivina, que alegria receber essa sua mensagem.

Saiba que, se você demorar uma eternidade pra me escrever, eu estarei do mesmo modo, tranquilo, à sua espera.

E não é só porque eu sou paciente e não costumo cobrar ninguém: é porque gosto muito de você.

E tem uma frase que eu gosto de dizer, e aprendi com uma amiga querida: "a amizade é um amor que nunca acaba".

Pois, então, me desculpe a demora em responder.

Seu e-mail me pegou em Buenos Aires, onde fui passear uns dias com o Lucas.

Na verdade, foram cinco dias, e esses foram os meus únicos dias de férias este ano.

Tive tarefas acadêmicas quase o mês inteiro. Sim, passeei entre os portenhos, mas, ao retornar, dei três cursos de férias na ESPM na última semana do mês.

E, já por esses dias, retornei às aulas na ECA-USP.

Fiquei um pouco distante da internet, por isso o atraso em te responder.

Aluguei bicicleta em Buenos Aires e eu e Lucas nos divertimos muito: lembrei de Juju e Rafa.

E estou feliz que você me encaminhou um novo capítulo das histórias desses dois, e a nossa também.

Terça que vem lanço A *vida naquela hora*.

Imagino que você tenha recebido o convite.

Mas, mesmo assim, vou anexá-lo aqui, novamente.

Se puder ir, vou adorar.

Se não puder, continuarei te querendo do mesmo jeito, maior.

Nos próximos dias, retorno com os e-mails do Rafa.

Love.

João

De: João Anzanello Carrascoza <jcarrascoza@ig.com.br>
Para: Vivina Viana <vav@vav.com>
Assunto: A vida, aqui e agora!
Enviada: Sábado, 6 de agosto de 2011, 10:53

Oi, Vivina, tudo bem?

Muito obrigado pela sua presença, semana passada, no lançamento de *A vida naquela hora*.

Você me proporcionou muitas alegrias!

Foi um encontro feliz.

Foi a nossa vida naquela hora.

E já estou eu aqui, com um e-mail do Rafa pra Juju.

Sei que você vai viajar, mas mesmo assim te envio a continuação da nossa história (e da história deles).

Não se preocupe em responder logo. A vida é devagar. E aos pouquinhos.

Beijo do João.

De: Vivina Viana <vav@vav.com>
Para: João Anzanello Carrascoza <jcarrascoza@ig.com.br>

Assunto: Re: A vida, aqui e agora!
Enviada: Quinta-feira, 18 de agosto de 2011, 14:48

Oi, Vivina, tudo bem?

Oi, João, tudo bem!

Muito obrigado pela sua presença, semana passada, no lançamento de *A vida naquela hora*.

Ora, João!!!

Você me proporcionou muitas alegrias!

Você também! Além do livro bonito – adorei aquele azul! – vi e revi pessoas, Adilson, Sâmia. Sem falar na Juliana, claro.

Foi um encontro feliz.

Teve até carona!

Foi a nossa vida naquela hora.

Foi. E que título feliz o desse seu livro lindo, hein João? Não vou te falar sobre ele agora, porque você vai ter uma surpresa com esse novo e-mail da Juju, que anda roubando meus assuntos.

E já estou eu aqui, com um e-mail do Rafa pra Juju.

Pois é, e eu, surpreendentemente, também estou aqui, com um e-mail da Juju pro Rafa, passados apenas doze dias! Fato absolutamente inédito!!! Eu mesma estou me parabenizando...

Sei que você vai viajar, mas mesmo assim te envio a continuação da nossa história (e da história deles).

Pois é, João, viajo sábado, mas a nossa história (e a deles) vai seguindo, enquanto isso.

Não se preocupe em responder logo.

Te desobedeci, valeu! A culpa foi do seu livro, não resisti!

A vida é devagar.

Graças a Deus.

E aos pouquinhos.

E você escreve bonito.

Beijo do João.

Beijo da Vivina. Sua eterna plagiadora.

De: Vivina Viana <vav@vav.com>

Para: João Anzanello Carrascoza <jcarrascoza@ig.com.br>

Assunto: Um amor que nunca acaba

Enviada: Domingo, 28 de agosto de 2011, 21:49

Querido João,

cá estou, de volta, duas semanas depois, e depois, também do seu lançamento, tão legal que teve até carona!

Gostei muito de ter ido, de te ver, de trazer seu livro – mais um! – pra casa, de rever pessoas que há muito não via, como o Adilson Miguel, que conheci naquele lançamento que fizemos, você e eu, em uma Bienal do Livro, aqui em São Paulo, lembra? Quanto tempo? Cinco, seis anos? Mais, bem mais?

É muito bom quando você me escreve. Saber que meus atrasos não te exasperam me dá um alívio danado, porque sei que voltarei a me atrasar, ainda que esteja sempre cheia de boas intenções.

Ah, João, se eu soubesse andar de bicicleta, e se andasse, com um de meus filhos, em Buenos Aires ou aqui mesmo, também me lembraria da Juju e do Rafa. Eles estão marcando nossas vivências e experiências, não estão? Natural. Pensamos tanto neles, natural.

Só cinco dias de férias parecem quase nada, mas talvez tenham sido quase tudo, pela intensidade do seu convívio com o Lucas, não é? Ainda mais com passeios de bicicleta na parada.

Vou viajar no próximo dia 3, sábado, mas, antes disso, a Juju deve escrever. Que o Rafa aguarde.

João, sua amiga tem razão. “A amizade é uma amor que nunca acaba”.

Como diria a Juju, a amizade é um *love* eterno.

Até a próxima, João. E obrigada pela carona, pela conversa boa, a três.

A Juliana, sua mulher, é maneira.

Love eterno.

Vivina

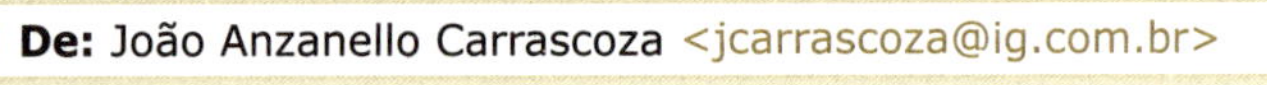
De: João Anzanello Carrascoza <jcarrascoza@ig.com.br>

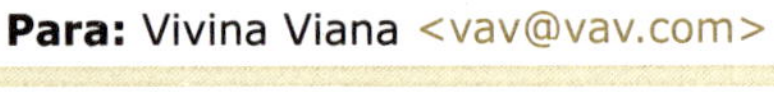
Para: Vivina Viana <vav@vav.com>

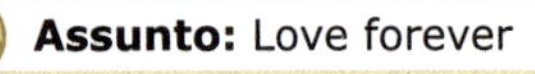
Assunto: Love forever

Enviada: Terça-feira, 30 de agosto de 2011, 12:29

Oi, Vivina, tudo bem?

Obrigadíssimo por este e-mail e pelo outro que também vi e vou responder logo mais.

Agora fui eu que demorei pra responder: estou em Viena!

Sim, vim para um congresso em Veneza, mas o voo parava em Viena e resolvi ficar aqui uns dias, já que o congresso começa só na quinta.

Verdade, o lançamento foi muito legal: sempre a oportunidade de rever pessoas que somos nós mesmos, sob outra pele.

Pois é, bicicletar com Lucas foi uma alegria forte, de não esquecer.

Mas aqui em Viena, onde tanta gente anda de bike, senti a falta dele.

Estou sempre longe das pessoas que amo.

Aprendendo a fazer da ausência a presença.

Igual o Rafa e a nossa Juju: cada um num canto do mundo, e os dois se gostando fundo, se tocando com as palavras.

A minha Juju agradece você a ter achado maneira!

Faça a sua viagem em paz, Vivina.

O bom é que a gente sempre traz uma nova bagagem na memória.

Love forever também.

Beijos

De: João Anzanello Carrascoza <jcarrascoza@ig.com.br>

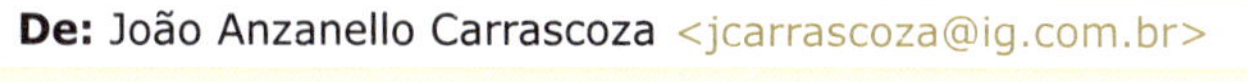

Para: Vivina Viana <vav@vav.com>

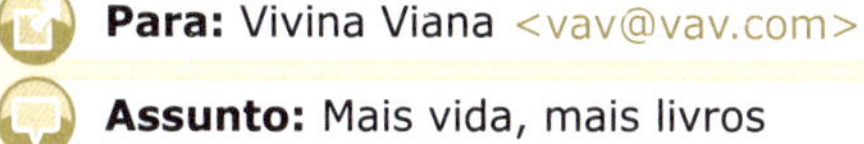

Assunto: Mais vida, mais livros

Enviada: Segunda-feira, 31 de outubro de 2011, 08:57

Vivina, tudo bem?

Como foi a viagem?

Espero que memorável!

Retornei à história do Rafa e da Juju!

Logo mais encaminho a continuação...

Fico feliz que você (e Juju) tenha gostado de *A vida naquela hora*.

Especialmente do último conto.

É o que tem tocado mais os leitores.

Aliás, lá vou eu lançar outro livro: *Amores mínimos*.

Já vou anexando o convite aqui pra você, embora vá enviar logo mais pra todo mundo.

É uma coletânea de contos curtinhos, escritos há muito tempo, mas só agora vai sair pelo mundo (que é grande ou pequeno, dependendo do nosso coração!).

Se puder, apareça!

Apesar da história de Rafa e Juju estar em plena intensidade de vida, talvez tenhamos que começar a preparar o final...

Bem, me dê notícias quando puder.

Beijo.

De: Vivina Viana <vav@vav.com>

Para: João Anzanello Carrascoza <jcarrascoza@ig.com.br>

Assunto: Re: Mais vida, mais livros

Enviada: Segunda-feira, 31 de outubro de 2011, 9:23

Oi, João!

Que alegria!

Há algum tempo, te esperava.

Estou quase bem, saindo de um resfriado violento, que me atacou em terras argentinas.

Fui a Buenos Aires, com minha filha e minha irmã mais velha, da geração dos tangos, que nem acreditava estar andando pelo Caminito.

A viagem à Itália e ao Líbano foi inesquecível, sim.

Os meninos conheceram os primos, se identificaram, família é família, e eu, a única realmente estrangeira, me emocionei o tempo todo, ida e volta.

O país é lindo. Tão pequeno, nem sei como cabe tanta beleza em tão pouco.

Que bom que você voltou aos dois, eles devem estar felizes da vida. Ah, e você tem razão, precisamos começar a pensar em um final. Pena, pena. Como será que vai ser? Estranho, a gente saber que não sabe.

Irei ao seu lançamento, se Deus quiser. Nesse dia, também vou participar de um – *Crônicas de papel*, da Januária Alves –, de manhã, na Biblioteca Monteiro Lobato. Vou te enviar o convite, quem sabe você aparece?

João, talvez você se lembre – te enviei o texto –, eu estava com um livro infantil sendo editado. Umas reminiscências. Nomes de vacas, cachorros e cavalos que povoaram – e povoam – minha vida, não apenas a infância. O Henrique Félix, nosso amigo, fez a contracapa, saiu agora, ficou muito legal: *Será que bicho tem nome?* Você vai gostar.

Beijo, João.

De: João Anzanello Carrascoza <jcarrascoza@ig.com.br>
Para: Vivina Viana <vav@vav.com>
Assunto: Re: Re: Mais vida, mais livros
Enviada: Quinta-feira, 3 de novembro de 2011, 15:14

Vivina, querida, você é quem me traz alegrias!

E, com essa sua mensagem, vieram muitas outras...

Valendo-me de suas palavras, nem sei como cabe tanta beleza num e-mail tão pequeno.

Obrigadíssimo por mais essas alegrias!

Viajei a Buenos Aires com você, depois ao Líbano e à Itália...

E também Monteiro Lobato, o seu novo livro *Será que bicho tem nome?*, as vivências com os filhos em terras estrangeiras (nem tão estrangeiras assim, não é mesmo?!).

E, claro, estou muito feliz que seguimos juntos com a história de Juju e Rafa. Aliás, aí vai a continuação dela!

Espero que você goste! E eles também...

Se puder, apareça no lançamento dos *Amores mínimos*.

Assim, minhas alegrias irão ultrapassar a membrana do céu!

Beijo

De: Vivina Viana <vav@vav.com>
Para: João Anzanello Carrascoza <jcarrascoza@ig.com.br>
Assunto: Tempo de espera
Enviada: Sexta-feira, 3 de fevereiro de 2012, 12:23

Oi, João!

Tudo bem?

Não sei se você é ligado em datas. Se for, verá que há exatos três meses a Juju recebeu a última carta do Rafa.

Tempo demais, ou de menos? Não quero te enrolar, muito menos filosofar, mas sabe que, realmente, não sei?

Ando cada vez mais convicta de que tudo, até os textos, necessitam de um tempo. Tempo de espera (Ricardo Ramos publicou um livro com

esse título, você conhece?), de maturação, sei lá de quê. Ou isso será desculpa de escritor preguiçoso?

Ando sentindo por onde nosso livro poderá chegar ao final, mas nada vou te dizer. Quem sabe, você tá sentindo – ou vai sentir – o mesmo? Vamos deixar que os dois falem por nós.

Aliás, foi o que aconteceu quando o Ronald e eu escrevemos *Ana e Pedro*. Outros tempos, tudo pelo correio. E, ainda que tenhamos nos visto algumas vezes durante a feitura do livro (Bienal Nestlé de Literatura, jogos do Galo em BH, palestras aqui e ali), embora tenhamos nos visto, *nunca* conversamos sobre nossas personagens.

No dia em que escrevi determinada carta (na verdade, um bilhete), pensei: em minha opinião, o livro termina aqui. Vamos ver se o Ronald responde...

Ele não respondeu. Com o tempo passando, liguei.

– O Pedro não vai responder a carta da Ana?

– Como? A Ana terminou o livro e não te contou?

Foi muito legal, João.

Espero que você tenha vivido momentos tranquilos e bonitos no Natal e no Ano Novo. Não nos falamos, mas que importância tem?

Beijo

Vivina

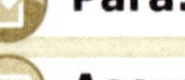

De: João Anzanello Carrascoza <jcarrascoza@ig.com.br>

Para: Vivina Viana <vav@vav.com>

Assunto: Re: Tempo de espera

Enviada: Terça-feira, 7 de fevereiro de 2012, 10:33

Vivina, que alegria receber sua mensagem!

Eu e Rafa aguardávamos sem pressa, sabemos ambos que você respeita o "o tempo de espera"!

É um belo título mesmo e um livro muito bonito do Ricardo Ramos!

Sei que vocês eram amigos, e eu o admirava como contista e como "historiador" da publicidade brasileira.

Vi na Folha que saiu uma nova edição de uma obra que ele escreveu sobre o pai, Graciliano Ramos.

Você conhece? Vou comprar logo mais!

Sobre nossa história, também sinto que estamos chegando ao fim.

No fundo, a gente sempre sabe!

Sinto, igualmente, por onde o livro poderia terminar, mas, assim como você, penso que é melhor os personagens encontrarem o caminho.

Queria te ver um dia desses, para um café.

Mas, se não der, como você bem lembrou, que importância tem?

Que importância tem se não encontramos um amigo querido com frequência, se, no fundo, ele está dentro de nós o tempo todo?

Não há rios e mares nos separando, como há entre Rafa e Juju.

E, se houvesse, eu andaria sobre as suas águas.

As palavras de amor, que tenho para você e para o mundo, são meus pés.

Beijo e até já.

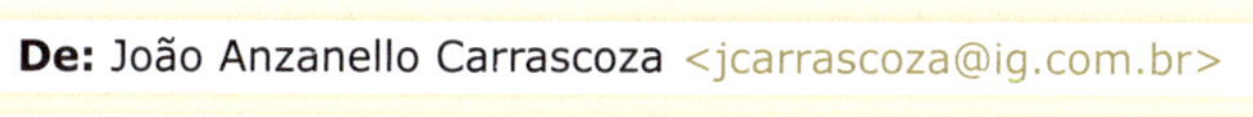

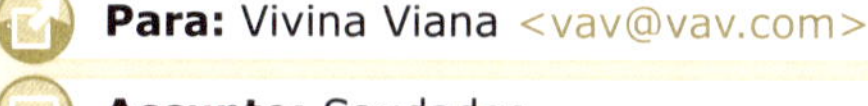

De: João Anzanello Carrascoza <jcarrascoza@ig.com.br>

Para: Vivina Viana <vav@vav.com>

Assunto: Saudades

Enviada: Quinta-feira, 9 de fevereiro de 2012, 17:03

Oi, Vivina, tudo bem?

Então, fiquei tão animado com a continuação da história de Juju e Rafa, que já escrevi a parte dele!

Espero que você e Juju gostem.

Estou muito feliz que aquela ideia de tempos atrás, de fazermos um livro juntos, saiu das dobras do sonho e se estendeu em realidade.

Já começo a sentir saudade desse diálogo silencioso entre mim e você por meio dos personagens...

E só para te avisar: o Rafa escreveu dois e-mails, não se esqueça de ir até o final do arquivo pra ler, porque a segunda mensagem dele está bem no finalzinho.

Vamos tomar um café um dia desses!

Agora quem fala é o João, que tem saudades da Vivina – e agradece pela felicidade desse encontro (só com as palavras) durante esses meses todos.

Nem parece que passou tanto tempo desde que conheci você em Curitiba, quando fomos jurados do concurso de histórias infantis do Paraná, e passeamos pela Rua 24 Horas.

Eu era um menino ainda, quase o Rafa!

E pensei: eis aí uma pessoa linda – um dia vou escrever um livro com ela.

Nem parece que passou tanto tempo desde que fui a New Orleans e visitei Athens e pensei: a nossa história vai começar aqui.

No meio desses e-mails trocados por nós, tem o Caminho de Santiago, tem a solidão, tem as dores que só nós sabemos, tem a esperança, tem o nosso rosto inundado de tristezas e alegrias.

E tem a vida latejando, saltando para o território das coisas lindas – justamente porque são findas.

Eu estou muito feliz e grato por você ter escrito esta história comigo.

Love.

João

De: Vivina Viana <vav@vav.com>

Para: João Anzanello Carrascoza <jcarrascoza@ig.com.br>

Assunto: Re: Saudades

Enviada: Sexta-feira, 10 de fevereiro de 2012, 08:17

Oi, Vivina, tudo bem?

Tudo, João, menos o vazio estranho deixado pelo fim da história.

Então, fiquei tão animado com a continuação da história de Juju e Rafa, que já escrevi a parte dele!

Que surpresa!

Espero que você e Juju gostem.

Será que gostamos?

Estou muito feliz que aquela ideia de tempos atrás, de fazermos um livro juntos, saiu das dobras do sonho e se estendeu em realidade.

Eu também.

Já começo a sentir saudade desse diálogo silencioso entre mim e você por meio dos personagens...

Eu também.

E só para te avisar: o Rafa escreveu dois e-mails, não se esqueça de ir até o final do arquivo pra ler, porque a segunda mensagem dele está bem no finalzinho.

Tá legal, tá legal... Obrigada pelo aviso, irei lá, rsrs...

Vamos tomar um café um dia desses!

Vamos!

Agora quem fala é o João, que tem saudades da Vivina – e agradece pela felicidade desse encontro (só com as palavras) durante esses meses todos.

Ah, João, não me agradeça. Fiquei honradíssima de escrever com você. Se desse conta, te explicava.

Nem parece que passou tanto tempo desde que conheci você em Curitiba, quando fomos jurados do concurso de histórias infantis do Paraná, e passeamos pela Rua 24 Horas.

1994.

Eu era um menino ainda, quase o Rafa!

Menino muito inteligente!

E pensei: eis aí uma pessoa linda – um dia vou escrever um livro com ela.

Verdade???

Nem parece que passou tanto tempo desde que fui a New Orleans e visitei Athens e pensei: a nossa história vai começar aqui.

Verdade, João???

No meio desses e-mails trocados por nós, tem o Caminho de Santiago, tem a solidão, tem as dores que só nós sabemos, tem a esperança, tem o nosso rosto inundado de tristezas e alegrias.

Ah!

E tem a vida latejando, saltando para o território das coisas lindas – justamente porque são findas.

Ah, Drummond, Drummond...

Eu estou muito feliz e grato por você ter escrito esta história comigo.

Ah, João.

Love.

Love.

João.

Vivina.

De: Vivina Viana <vav@vav.com>

Para: João Anzanello Carrascoza <jcarrascoza@ig.com.br>

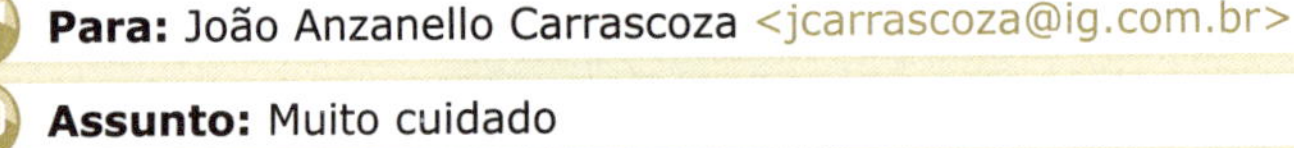

Assunto: Muito cuidado

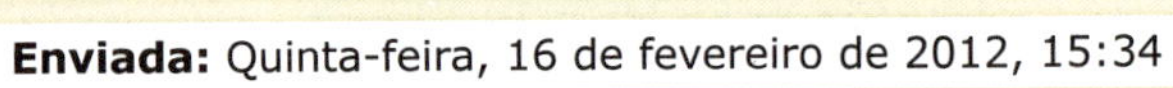

Enviada: Quinta-feira, 16 de fevereiro de 2012, 15:34

Oi, João,

veja como são as coisas. Levei uma eternidade pra te escrever e, enviado o e-mail, ficava vigiando a caixa de entrada, querendo que você respondesse na mesma hora, rsrs...

Sim, Ricardo e eu éramos amigos, e me orgulho muito disso. Ele era um cara muito, muito inteligente, muito correto, muito afetuoso, muito generoso. Muito amigo. Quando ele se foi, aos sessenta e três anos, senti muita saudade. Muita falta das conversas ao telefone, madrugada adentro. Sempre pertenci à turma dos que dormem tarde, não por insônia, mas por falta de juízo, mesmo. Como ainda não havia e-mails, as conversas não tinham fim!

O livro que ele escreveu sobre o pai, *Retrato fragmentado*, é lindo. Lindo e triste. Foi a última coisa que ele escreveu, obra póstuma.

Quando formos tomar o tal café – vamos marcar? –, levo um pra você, de presente.

Que bom, não haver nenhum mar, nem rio, nem oceano separando a gente. Se houvesse, iríamos ficar sem café, já pensou? Ah, e cuidado com seus pés, que carregam palavras de amor! Muito cuidado, João!

Beijo

Vivina.

De: João Anzanello Carrascoza <jcarrascoza@ig.com.br>

Para: Vivina Viana <vav@vav.com>

Assunto: Re: Muito cuidado

Enviada: Quinta-feira, 16 de fevereiro de 2012, 16:10

Oi, Vivina, tudo bem?

Pois é, eu também fico esperando seus e-mails e, como os enviados pela Juju ao Rafa, eles demoram!

Risos.

Mas eu gosto de esperar, gosto que a minha paciência taurina seja levada à prova.

Você me disciplina para o silêncio, para a calma, para a ausência (que se torna presença, sempre). Eu admirava muito o Ricardo Ramos. Aliás, estou escrevendo um novo livro de propaganda e, ontem mesmo, peguei o *Do reclame à comunicação* dele para buscar uns anúncios da época da escravidão.

Quero ler, sim, esse *Retrato fragmentado*.

Acho que seria legal a gente tomar esse café quando você continuar/finalizar a nossa história!

Imagino que recebeu meu outro e-mail, com as mensagens do Rafa.

Já estou sentindo saudades.

Esse livro me trouxe saudades o tempo todo, principalmente de mim.

E você tem toda a razão, Vivina. Eu preciso tomar cuidado por onde passo: os caminhos estão cheios de pregos, cacos de vidro, pedras pontiagudas.

Mas temos de andar, até o dia que aprendamos a alçar voo!

Beijo do João

De: Vivina Viana <vav@vav.com>

Para: João Anzanello Carrascoza <jcarrascoza@ig.com.br>

Assunto: No ato

Enviada: Quinta-feira, 16 de fevereiro de 2012, 17:08

João, João!

Desta vez, faço questão de nos surpreender! Te respondo no mesmo segundo em que te recebi! Nem que seja uma única vez na vida!

Fiquei muito emocionada com essa sua mensagem, ou e-mail, seja o que for.

Não sei se por causa do livro chegando ao fim, não sei se pelo dia – uma pessoa, amiga da minha amiga, está sofrendo, no hospital –, não sei, só sei que me emocionei muito.

Li e reli "você me disciplina para o silêncio". Não devo merecer receber uma frase dessas, meu amigo. No entanto, meus olhos, certamente mais sábios que eu, ficaram úmidos.

Sabe que tenho dois exemplares do livro *Do reclame à comunicação*, que você tá usando? Capa preta, com uma bailarina vestida de vermelho, segurando um copo de cerveja, não é? Um cartaz da Antártica, de 1891, imagine! Eu não sei nada disso, claro, mas sei ler, atentamente, capas, subcapas e contracapas...

Meus exemplares são de 85 e 87, terceira e quarta edições. A mais antiga, de 85, autografada. Lá está a letra do meu amigo, eternizada, me presenteando com "um abraço e um bem-querer". Muito ruim perder os amigos, João.

Tenho um exemplar de *Retrato fragmentado* pra você, tá bom?

Vá lendo seus outros livros que, depois do Carnaval, quando – e enquanto – tomarmos nosso café, te entrego.

Ah, então sou eu quem vai continuar/finalizar nossa história? Não tava sabendo...

Sim, recebi o e-mail com as mensagens do Rafa, aquele em que o João diz que já sente saudades, mas pensava em responder quando a Juju também escrevesse. É a tal da "disciplina para o silêncio", que você tão bem definiu, rsrs... Você não escapa, meu amigo. Ora sou eu, ora a Juju...

O livro te trouxe saudades, principalmente de você? Acho que você já aprendeu a alçar voo, João.

Beijo da
Vivina.

De: João Anzanello Carrascoza <jcarrascoza@ig.com.br>

Para: Vivina Viana <vav@vav.com>

Assunto: Re: No ato

Enviada: Sexta-feira, 17 de fevereiro de 2012, 12:57

Vivina, Vivina, que surpresa!

Você me respondeu rapidinho mesmo, hein?

Risos.

Fico muito grato e feliz pela sua mensagem.

Sinal de que estou aprendendo a usar as palavras.

Pra mim, elas só valem se tocam as pessoas – e bem lá no fundo, onde a gente está de verdade, as nossas fundações.

É quando são capazes de gerar o "contágio", como afirmou Tolstói naquele ensaio sobre a arte.

Mas, às vezes, não são nem as palavras que nos tocam, mas as dores (e os amores) que estão dentro de nós à espera de serem tocados.

Daí a gente se emociona. Aquela água toda nos olhos.

Aliás, conto em primeira mão pra você, esse será o título do meu novo livro de contos: *Aquela água toda*.

O Bartolomeu Campos de Queirós, no encontro que tivemos ano passado – foi a última vez que o vi antes que ele partisse –, disse que escrevemos para "acariciar a nossa dor".

Tão sábio, o Bartô.

E também os seus olhos, Vivina!

Saiba que você, ao longo dessa viagem que fizemos juntos, me trouxe também garoa no olhar. Muitas vezes. E sempre pelas alegrias partilhadas.

Sobre o livro do Ricardo Ramos, é tudo isso mesmo: a capa tem a bailarina, e lá dentro uma história breve, mas muito bonita, da publicidade brasileira.

E se você tem um exemplar do *Retrato fragmentado*, eu já estou feliz, redobrado.

E a história do Rafa e da Juju? Acho que o Rafa já acabou, não é? Mas fiquei pensando. Melhor ver o que a Juju acha. Talvez ela resolva escrever uma ou outra palavrinha só, do tipo: Rafa, Rafa, Rafa...

Risos.

Então, Vivina, estamos no Carnaval!

Lembra? É uma data bonita para o Rafa e a Juju! E foi você quem a trouxe para a história deles.

Por isso, já é uma data bonita, pra eu me lembrar sempre de você.

Não sei se aprendi a voar, como você diz.
Mas já sei abrir os braços, e não apenas com as palavras.
Essa é uma condição "precursora" para o voo.
Ter consciência disso já me põe nas nuvens.
Aliás, acho que vem chuva aí.
Que o sol continue dentro de nós.
Beijo do João

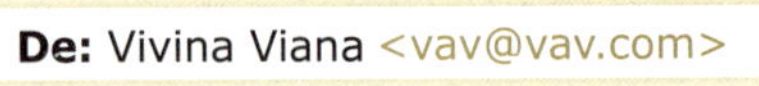

De: Vivina Viana <vav@vav.com>
Para: João Anzanello Carrascoza <jcarrascoza@ig.com.br>
Assunto: Sol
Enviada: Sexta-feira, 17 de fevereiro de 2012, 18:21

João, querido,

será que agora, que o livro acabou, vamos nos escrever com frequência? Será – justamente – porque o livro acabou? Vontade de continuar? Saudade?

Se for, haja e-mails!

Você não está aprendendo, você sabe usar as palavras, João. Maravilhosamente, sedutoramente. Todo mundo que te lê sabe disso, e diz. Se você quiser, cito nomes e nomes, rsrs...

Não conheço o ensaio sobre a arte, de Tolstói, mas gostei da citação, muito.

Aquela água toda, título lindo! Já tá me dando vontade de ler, juro.

O Bartô era sábio, sim. Aprendi muito com ele.

Ah, meu amigo, acho que teremos muito o que conversar sobre nosso livro. Nunca imaginei que você tivesse se emocionado ao ponto em que confessou, nunca imaginei, de verdade. E é tudo muito bonito, me faz muito bem. Ou nos faz.

Sim, o Rafa terminou – lindamente – a história, mas quem mandou você me sugerir algo? Espere pra ver, daqui a pouco vou te enviar.

Pois é, é Carnaval, outra vez.
Abra os braços, João.
E a chuva veio, hein?
Amanhã, haverá sol.
Beijo
Vivina

De: João Anzanello Carrascoza <jcarrascoza@ig.com.br>

Para: Vivina Viana <vav@vav.com>

Assunto: Re: Sol

Enviada: Sexta-feira, 24 de fevereiro de 2012, 16:11

Vivina, desculpe-me a demora em responder.

Fui passar o Carnaval em Cravinhos, na casa de minha mãe.

E só voltei ontem!

Sim, o livro acabou, quer dizer, pelo que você me disse na mensagem, a Juju ainda vai aprontar alguma!

Seja como for, vamos escrever um para o outro com frequência, claro!

Obrigado pelas suas palavras azuis em relação à minha literatura.

Depois eu te falo mais desse texto do Tolstói.

Tenho algumas ideias para o nosso livro – editora, formato, projeto gráfico.

Beijo de sol.

De: Vivina Viana <vav@vav.com>

Para: João Anzanello Carrascoza <jcarrascoza@ig.com.br>

Assunto: Re: Re: Sol

Enviada: Sexta-feira, 24 de fevereiro de 2012, 17:11

Pelo amor de Deus, João, não se desculpe. Não comigo, não por demoras, rsrs...

Também passei o Carnaval fora. Minas, fazenda. Sossego, jardim, *Amores mínimos*, pescarias, lambaris.

E como você não tem cara de vaidoso, posso te dizer: *Amores mínimos* é um livro lindo. Desses que a gente não larga, não esquece. De vez em quando, é a hora deles. Existem alguns livros assim, em minha vida. Uns cinco? Talvez.

O que a Juju aprontou, te enviei no mesmo dia, recebeu não? Três palavrinhas. Aliás, uma só, três vezes. Pois é!!!

Muito bom você ter ideias pro nosso livro. Tenho uma só: e se a gente mandasse pra Sonia Junqueira, na Autêntica?

Tá chovendo, João, mas meu beijo, plagiando o seu, só pode ser de sol.

Vivina

De: João Anzanello Carrascoza <jcarrascoza@ig.com.br>
Para: Vivina Viana <vav@vav.com>
Assunto: Três palavrinhas
Enviada: Sexta-feira, 24 de fevereiro de 2012, 17:24

Vivina, recebi, recebi!

E já li as três palavrinhas da Juju, fechando o livro. Adorei!

E adorei também esse sistema de responder mensagens por partes, não de uma só vez.

Acho que é bem legal, porque plasma o diálogo: não é apenas um que fala, o outro também faz seus comentários!

Vou fazer isso agora mesmo, pois vi que chegou um outro e-mail seu.

Beijo

De: João Anzanello Carrascoza <jcarrascoza@ig.com.br>
Para: Vivina Viana <vav@vav.com>
Assunto: Ainda o Sol
Enviada: Sexta-feira, 24 de fevereiro de 2012, 17:46

Pelo amor de Deus, João, não se desculpe. Não comigo, não por demoras, rsrs...

É verdade, só no seu caso eu não deveria pedir desculpas. Risos.

Também passei o carnaval fora. Minas, fazenda. Sossego, jardim, *Amores mínimos*, pescarias, lambaris.

Também fui pra fazenda, onde mora minha irmã. Sossego, canaviais ao vento, livros, livros e soneca o dia todo.

E como você não tem cara de vaidoso, posso te dizer: *Amores mínimos* é um livro lindo. Desses que a gente não larga, não esquece. De vez em quando, é a hora deles. Existem alguns livros assim, em minha vida. Uns cinco? Talvez.

Fico feliz que tenha gostado dos meus "amores".

O que a Juju aprontou, te enviei no mesmo dia, recebeu não? Três palavrinhas. Aliás, uma só, três vezes.

Sim, recebi. Juju, a exclamativa.

Pois é!!!

Muito bom você ter ideias pro nosso livro. Tenho uma só: e se a gente mandasse pra Sonia Junqueira, na Autêntica?

Tá chovendo, João, mas meu beijo, plagiando o seu, só pode ser de sol.

Outro beijo de sol.

Vivina

João

De: Vivina Viana <vav@vav.com>

Para: João Anzanello Carrascoza <jcarrascoza@ig.com.br>

Assunto: Re: Três palavrinhas

Enviada: Sexta-feira, 24 de fevereiro de 2012, 17:56

Vivina, recebi, recebi!

Maravilha!

E já li as três palavrinhas da Juju, fechando o livro. Adorei!

Maravilha! Só que as três palavrinhas foram sugestão sua, tá lembrado?

E adorei também esse sistema de responder mensagens por partes, não de uma só vez.

Pois é, a Juju e o Rafa quase se escreveram assim... Será que lhes faltou criatividade? Rsrs...

Acho que é bem legal, porque plasma o diálogo: não é apenas um que fala, o outro também faz seus comentários!

Isso aí, João!

Vou fazer isso agora mesmo, pois vi que chegou um outro e-mail seu.

Maravilha! E você fez mesmo, adorei! Respondi agorinha, já deve ter chegado...

Beijo

Outro

De: João Anzanello Carrascoza <jcarrascoza@ig.com.br>
Para: Vivina Viana <vav@vav.com>
Assunto: Paris
Enviada: Sexta-feira, 16 de março de 2012, 19:47

Vivina, adorei, adorei seus dois últimos e-mails!

E olha que chique: estou em Paris, a convite da Embaixada do Brasil na França!

Vim para uns compromissos no Salão do Livro, na UNESCO e na Sorbonne...

Quando voltar, conto tudinho para você o que aconteceu por aqui.

Estou feliz com o nosso livro!

Volto na quinta que vem, então poderemos marcar aquele café, pode ser?

Beijo grande

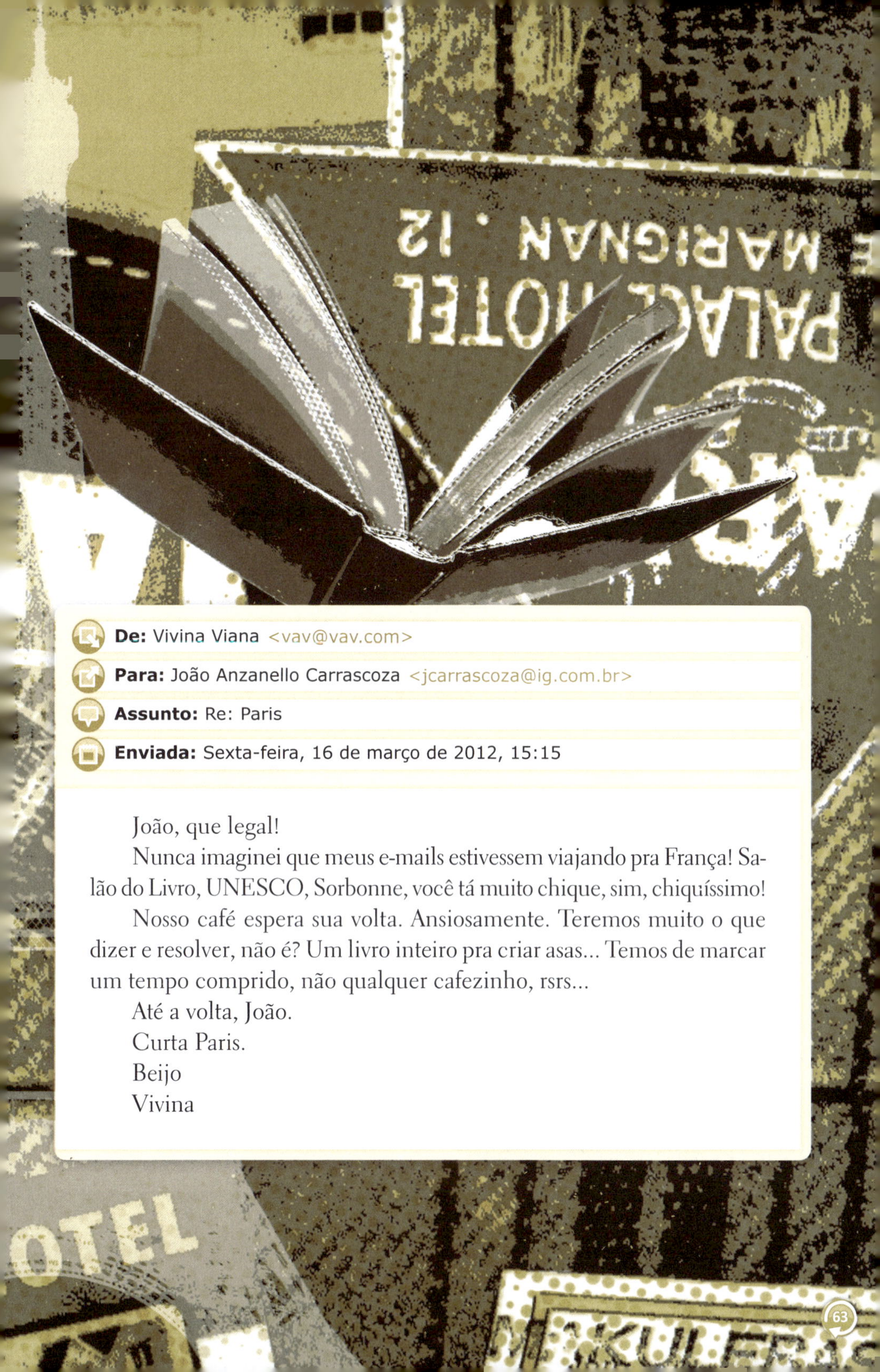

De: Vivina Viana <vav@vav.com>

Para: João Anzanello Carrascoza <jcarrascoza@ig.com.br>

Assunto: Re: Paris

Enviada: Sexta-feira, 16 de março de 2012, 15:15

João, que legal!

Nunca imaginei que meus e-mails estivessem viajando pra França! Salão do Livro, UNESCO, Sorbonne, você tá muito chique, sim, chiquíssimo!

Nosso café espera sua volta. Ansiosamente. Teremos muito o que dizer e resolver, não é? Um livro inteiro pra criar asas... Temos de marcar um tempo comprido, não qualquer cafezinho, rsrs...

Até a volta, João.

Curta Paris.

Beijo

Vivina

A autora

Houve um tempo, às vezes chamado de antigamente, em que as cartas precisavam ser levadas ao Correio. Dias, meses depois, costumavam chegar ao destino.

Pertenço a esse tempo. O destino das minhas primeiras cartas era uma fazenda do interior mineiro, onde minha mãe as esperava com ansiedade. Queria saber da filha, criança, nem 9 anos, trancada em um internato de São João del-Rei.

Letra tímida, acanhada, a filha ia sempre bem, estudando, rezando, se alimentando, sonhando com o time de vôlei, privilégio de alunas maiores.

De vez em quando, a letra da mãe, firme e uniforme, também chegava ao destino, dizendo que o mundo – pai, avó, Tiche, jardim, bichos, mangueiras, córrego – ia sempre bem.

Tantos paraísos se justificavam. Lidas anteriormente pelas freiras, as cartas que saíam do internato – e as que chegavam – só seriam enviadas ou entregues se o mundo abordado fosse cuidadosamente bordado.

Valeu, sempre vale. Fui aprendendo a ler e a escrever nas entrelinhas (minhas e alheias), exercício que segue me fascinando.

Neste livro, *nós 4*, não foi diferente. Ainda que tudo – correio eletrônico, ferramentas, cartas/mensagens/e-mails – ainda que tudo me indicasse que o tempo era hoje e agora, em vários momentos me senti criança, nem 9 anos, procurando segredos em linhas e entrelinhas enviadas pelo João. Como se o tempo não tivesse passado, como se eu já não tivesse escrito alguns livros – *O dia de ver meu pai*, *O mundo é pra ser voado*, *Ana e Pedro*, *O barulho de tempo*, *O jogo do pensamento*, *Os passarinhos do mundo*, *Será que bicho tem nome?* –, como se não morasse em São Paulo há muito tempo, desde 1968.

Vivina

O autor

Muitas vezes, a gente só se dá conta das coisas quando elas já passaram. E passaram definitivamente. Difícil perceber as coisas acontecendo e apreendê-las quando ainda estão à nossa mão. (Ainda bem que o Rafa, logo que chegou em Athens, resolveu escrever e se declarar para a Juju.) Foi por isso que me tornei escritor. Contar uma história, para mim, é uma tentativa de apreender o instante vivido, não deixar que ele passe sem sentir plenamente a sua presença.

Escrevi muitas obras para crianças, jovens e adultos. Acho que não há idade para se ler um livro: toda história traz um rio dentro dela – nem sempre tão grande quanto o Mississippi –, e cada leitor apanha a água que cabe em suas mãos. *O volume do silêncio, O homem que lia as pessoas, O aprendiz de inventor, A vida naquela hora, Amores mínimos* e *Aquela água toda* são alguns de meus livros.

Comecei a escrever aos 17 anos, quando me mudei de Cravinhos, cidadezinha do interior paulista onde nasci, para São Paulo, onde fui estudar Comunicação Social e onde vivo até hoje. Trabalhei como redator de publicidade durante muitos anos e sou, há tempos, professor da Escola de Comunicações e Artes da Universidade de São Paulo e da Escola Superior de Propaganda e Marketing.

Tenho conhecido pessoas singulares, como a Vivina – eu estava atento quando a conheci, assim ela não passou pela minha vida, ela segue presente em mim. Com a Vivina, tive a alegria de escrever esta história. Dupla história, aliás. Espero que você tenha gostado e que as duas sigam juntas na sua memória.

A ilustradora

Nasci em 1983, em Belo Horizonte, onde vivo e trabalho. Sou *designer* gráfico formada pela UEMG e artista gráfica formada pela UFMG. Para a Autêntica, ilustrei o *Você é livre!*, e este é meu segundo livro. Pra ilustrá-lo, fiz colagens digitais misturando fotos enviadas pelos autores e outras às quais o texto foi me remetendo.

Gostei muito da estrutura deste livro, de poder acompanhar o processo criativo dos autores e um pouco de seus cotidianos. Seja acompanhando o desenrolar dos e-mails, seja lendo nas entrelinhas, seja mesmo vendo as histórias dos quatro personagens se misturarem, foi muito bom participar de um período da vida desses quatro, que são, mais do que tudo, grandes amigos! E, ao acompanhar e ilustrar sua história, me senti um pouco dentro dela também.

Christiane S. Costa